A
Cross-Cultural
Perspective

AMERICAN
CULTURAL PATTERNS

——☆——

美國人

一種跨文化的分析比較

愛德華．史都華｜米爾頓．班奈特／著　衛景宜／譯
EDWARD C. STEWART And MILTON J. BENNETT

目錄

第三章　語言和非語言行為／81

就在不久之前，在美國講兩種語言仍是社會地位低下的標誌，也許全世界唯獨美國才會出現這種情況。美國人偏重簡單詞彙，不講究風格上的精雕細琢，並且會用大量的俚語來表示彼此的親近與對社會價值的認可，這些種種原因更加速了美國人接納了他們的國語——英文。

第四章　活動方式／105

生活在機械性世界中的個體倍感孤獨，他們得贏得成就來證明自我。就是這個動力，激勵了美國人並賦予美國文化一種「驅力」。躁動、不安促使美國人需要不斷地證實自己，並通過成功和成就獲取認同。美國文化只用外在的表現與成績來評價與瞭解一個人，除此之外並無別的衡量尺度。也因此，所有的成就無疑都必須是個人的、可見的、且可測量的……

第五章　人與社會／143

美國人傾向於對所有的人都使用相同的稱謂，他們剛剛結識一個人就會立即免去姓氏而直呼其名，他們相信一視同仁是對人根本上的尊重。美國人若與某人建立了比泛泛之交更深一層的感情，他們也很難找到適合的表達方式，因為雙方一開始就以輕鬆、友好的方式展開互動。結果，原本期望個性化的待人方式卻因人人相等而最終失去了個性。

序

二十多年前，為了促進不同文化之間的相互理解，這本書首次面世。從那以後，跨文化心理和跨文化交流的研究有長足的進步，推動了我們在該領域的知識水準與專業技能，並使更多的人在異質文化交流中變得卓有成效。今天的世界是一個相互依存的世界，人們對瞭解其他文化和提高跨文化溝通能力的需求不斷增加，但在文化交流中較能應付自如的人相對來說仍是鳳毛麟角。

從事跨文化工作的人們越來越清楚地認識到，文化是當今世界所面臨的許多重大事件的真正根源。每天早晨，報紙上不斷提醒讀者美國對日本的貿易呈現逆差，美國和歐洲的經濟學家們紛紛批評日本文化如何阻礙了其他國家進入其市場。晚間新聞報導的是強國政治的最新動向有可能威脅世界和平，但是，為維持國際局勢的穩定而需要簽署的重要戰略契約，卻因各方在談判和決策文化模式方面的衝突而陷入僵局。中東的騷亂歸根結底還是社會政治團體之間文化衝突的反映，同週期性爆發的城市暴力事件的性質並無二致。文化交流的發展有時能幫助我們除去認識上的層層誤解，而直接面對那些經濟、政治和社會事件的文化根源。但是，以現有的認識和操作水準，還無法使許多國內和國際間的敵對狀態化干戈為玉帛。

我們需要培育文化理解的另一個原因是美國的世界地位的改變。美國經濟和政治影響力的衰落致使美國人在國際上的角色發生變化，同時也改變了外國人對他們的態度，美國人不再享有二十年前他們所佔據的優越位置。在本書的第一版中，「顧問」一詞被用來指那些在外國工作的美國人，今天，美國角色的變化幾乎令這個詞失去了意義，美國人的身分由顧問變成了合作人、主持人、訪客和競爭者，美國人的這些新角色必然要求對跨文化理解領域裡的一些核心問題給予新的闡釋。

在本書中，作者們認為「跨文化問題」的起源是美國人與其他國家及其他文化背景的人在相互交往中，在行為、思維、觀念及價值方面的差異。這些文化差異常常產生誤解，從而導致人與人之間的摩擦與衝突。加深對文化差異本質的瞭解將增進美國人在跨文化情境中溝通的有效性。但要達到這一目標，美國人必須首先瞭解他們自己的文化如何決定了他們的思維，如何在他們的頭腦裡根植了那些左右他們行為的價值與觀念。

文化的自覺並非易事，因為文化往往被內化成思維和行為的模式，而被人們視為一種習以為常、天經地義的東西。對美國人來說，要意識到他們的「主觀文化」尤其困難，因為美國人通常把文化因素解釋成個人的性格特點。這種對「內化的文化模式」（internalized cultural patterns）的看法忽視了其社會根源，這是美國文化的一個特色，並不具有普遍意義。

這本書是從美國人的角度寫的，因此美國文化被作為該書的出發點，所涉及的其他文化主要只扮演對比的作用。就像人們繪製世界地圖時總是把自己的國家放在地圖的中心，美國文化在本書中被給予這樣的重視確有某種程度上的民族自我中心主義（ethnocentrism）之嫌，但這樣做的主要目的是進行跨文化的分析。所以，我們想在此強調，我們在寫作中沿襲這一陳規並不意味著我們把美國文化看成是世界文化的中心。

我們對文化交流中出現的跨文化問題的分析，無疑會涉及美國人和其他文化成員之間互動交流中存在的某些障礙，並可能指出一些改進的具體方法。但是，提供某種「行為規範」並非本書的目的。我們的目標是要對美國文化的一些重要方面進行總體性的描述，並且展示它們在文化交流中的實際效果。為了配合實務需求，本書在撰述時刻意避開了有關文化的意義、道德價值，以及其他比較學術性的爭議。

本書的第二版與第一版的宗旨相同，即為那些常在國外旅遊、工作或與外國同事一起生活的美國人所碰到的溝通、相處問題提供一個新的視角。這本書為那些來自其他文化背景的人提供了觀照他們生活的不同角度，同時也讓美國人可以從對比的角度反觀自身文化，從而加深對美國文化的理解。我們期望從事多元文化交流的訓練人員、技術人員、學生、學者、生意人，以及其他在生活或經常居留於其他社會的美國人，能把他們對美國文化的新認識落實在生活之中。這本書同時也希望能幫助研究美國問題的學者，或許通過跨文化的分析能使他們對美國文化有更敏銳的洞察力。

最後，我們希望本書能為那些想更加深入瞭解美國人行為方式的他國民眾提供一個參考。我們試圖在書中不做任何民族自我中心主義式的曲解，以免讓外國讀者難以接受。

在本書的第一章，我們對西方和非西方社會之間的某些根本性差異做了對比，並在此基礎上討論跨文化的問題，我們還列舉了許多美國人在國外所遭遇的文化障礙的具體事例。在第二章裡，我們從美國人一開始是如何具體的認識這個世界，一直討論到他們如何做出抽象的觀念性的結論，由此對美國人的思維方式和文化上的差異做了追溯。第三章探討了沃爾夫假說（Whorf hypothesis）的意義和侷限，以及語言使用方面的其他因素，其中包括美國和其他不同文化的溝通模式中非語言行為的作用。從第四章到第七章，我們從四個方面陳述了美國人的觀念和價值中的一些核心問題：活動方式、社會關係、世界觀，以及自我觀與個體觀。在上述章節中討論的有關觀念及價值通常主要反映的是美國主流的中產階級的價值觀，顯然，這並未囊括所有其他主要的價值觀，儘管它們也相當普遍。但在討論過程中，我們會藉由把美國主流文化的特徵與本國和外國的其他文化的特徵進行對比，藉以強調觀念與價值的相對性。最後一章考察了前幾章的理論分析在美國人文化交流實踐中的意義。

我們在全書中儘量運用一般性的概念，避免使用那些冷門的專業術語以及社會科學方面的概念。但我們也採用了文化交流領域裡某些慣用的詞彙。由於「跨文化」（cross-cultural）與「異質文化間」（intercultural）兩個詞含義相近，在書中它們有時可以互換，但我們對這兩個詞彙也做了較為精細的區隔。「跨文化」一般指針對文化差異上的任何比較（如美國與日本價值觀的跨文化研究），或指存在文化差異的狀況（如跨文化教學情境）。「異質文化間」一詞則通常加在交流、溝通或關係之前，指不同文化群體之間的實際交往。例如，在一個跨文化的工作環境中，美國人和外國人必然要介入異質文化間的交流。我們避免使用「國際性」（international）這個詞，因為它會被認為是種種在文化層面上既無從比較、又互不相關的政治經濟事務。儘管書中沒有出現這個詞，我們仍希望這本書的跨文化視角能被看成是對國際問題研究的必要補充。

「美國人」在書中指的是美利堅合眾國的公民。許多人喜歡使用北美人（North Ameircan）這個詞，本書作者認為，儘管美加兩國人民之間具有許多相似之處，但若將一個主權獨立的加拿大公民包括在美國人這個範疇之中則會導致誤解。尤其當我們考慮到墨西哥也屬於北美，這樣做就更不妥。用「美國人」指稱美利堅合眾國的公民在歷史上已經形成慣例，因而我們沿襲這個做法。

美國文化通常指主要由白人、男性、中產階級成員（但不僅限於此）構成的美國主流社會的思維和行為模式。我們在討論美國社會所呈現的其他文化現象時，將會使用「族群次文化」（ethnic subcultures）這一術語。其實，美國的主流文化和族群次文化之間在不斷相互融合和影響，這種區分顯然是人為性的。在討論少數族群之間的互動時，我們將用「多元文化」（multicultural）來代替跨文化；用跨族群（interethnic）代替「異質文化間」。

其他還有幾個意義比較特別的詞彙：「旅外者」指任何（在此僅指美國人）為某一具體目的在國外旅遊或在外國暫住的人。「國外」這個詞一般用來指「美國以外」。除了根據具體情境使用主人或者學生等名稱之外，凡與美國人發生交往的外國人均被稱為合作人或同事。由於外國人這個詞有時會引起歧義，「地主國人」有時會被用來指美國人在國外所接觸的人。

這本書的初版雖引用了佛羅倫斯．克羅孔（Florence R. Kluckhohn）的有關論述，但未採用其整套理論體系。本版仍在很大程度上反映出克羅孔博士著作的影響，並同時注意準確地表述克羅孔博士的思想，本書作者將對任何可能出現的詮釋上的歧義負責。在我們對美國文化進行分析時，喬治．福斯特（George M. Foster）和小羅賓．威廉斯（Robin Williams, Jr.）的有關著作也被融入其中。

除了引用已出版的資料外，本書還使用了一些尚未發表的原始資料。其中也包括訪談紀錄，參與的人士有：駐寮國、泰國、和拉丁美洲的軍事顧問；國際發展機構美國事務處的技師；維和部隊的志願兵；救死扶傷的醫療志工；以及數百名在國際研究專業學習的外國籍和美國籍的學生。另外，作者個人的觀察又對這些資料做了進一步的補充。本書較年長的作者愛德華．史都華曾在美國、日本和歐洲擔任過多年的企業顧問，為企業做有關研究工作，並在國內及國外的美國政府科技部門工作過。本書的另一名作者，米爾頓·班奈特，從事文化交流的訓練、教學和研究工作，其中包括為在世界各地工作、旅遊和學習的美國人提供預先訓練並聽取他們回饋的報告。

佛羅倫斯·克羅孔、喬治·福斯特，以及小羅賓·威廉斯對本書第一版的初稿提供了實質性的批評意見，他們所建構的理論架構在修訂本中仍然得到貫徹。我們還要感謝大衛·霍普斯（David Hoopes），本書的兩個版本都由他來進行編輯。他在提出精闢的建議同時，也不斷地給予我們大量的鼓勵。

譯序

一九九六年，我以訪問學者的身分在美國中部一所大學講授中國文化課程。同辦公室的一位美國教師則給外籍學生講授美國文化，我們有時在一起交流教學方法，我常抱怨沒有好的中國文化方面的英文版教材，每週都得現編現賣，這位美國同事深表同情，並向我推薦他使用的教材《美國人》這本書，說這可能幫助我從對比的角度使美國學生加深瞭解中國文化。由於種種原因，我最終也沒有在課堂裡應用它。但是，這本書的體例與內容卻給我很深的印象，它不像一般的介紹文化的書籍，即按編年史順序，講述特定時期的歷史、哲學、文學藝術、工藝技術、風俗習慣……《美國人》的作者似乎試圖透過文化的具體現象揭示其背後的運作規律，並採用一種動態的研究方式：在與世界其他文化的對比、交流、及碰撞中闡述美國文化。於是，我把它帶回了國內，想把它譯成中文，讓更多的中國人對美國及西方文化有一個更本質性的瞭解。

衛景宜

二〇〇〇年二月二十日

廣州暨南大學外語系

這本書主要圍繞著四個方面重點分析了美國的文化模式與價值觀：活動方式、社會關係形態、對世界的認識，及對自我的認識，並廣泛汲取有關價值體系、感知心理學、文化人類學、和跨文化交流的最新研究成果，從理論上深化了對美國文化與美國社會的分析。兩位作者在跨文化交流實踐中的豐富經驗給讀者提供了大量生動有趣的實例，在書中，理論一般受到事實或案例的適時支撐，沒有過多的晦澀與抽象。該書除了幫助我們真實理解美國人的價值觀及行為模式之外，在其他方面也給了我們許多啟示，例如作者在審視和評述美國的社會現象及政府行為時始終保持的那種客觀的、不偏激的立場，展示了美國知識分子獨到的社會批評意識。該書寫作的整體結構應當引起我們對於文化描述方式的關注，充分利用最先進的人文學科知識成果，建構理論框架，分析文化的表象。我們期待能有這樣一本講述中國文化的著作出現。當然，這本書也有它的不足。雖然跨文化的比較擴展了該書的內涵，但作者對非西方文化的描述總給人一種隔靴搔癢的感覺。作者主觀上努力戒除民族中心主義，但每當把美國文化與非西方文化進行比較時，卻難以避免某種自誇的口吻。

翻譯的過程是痛苦的，因為作者的思想往往高於我的理解，需要奮力攀登。但有時也是快樂的，因為書中的新鮮東西層出不窮，碰到幽默之處常令人忍俊不禁。譯者雖竭盡所能，但由於學識水準及時間的限制，譯文肯定存在不少失誤與不當，敬請讀者給予批評指正。

第一章

跨文化問題的分析架構

一個人能否與不同文化背景的人在工作或生活上如魚得水，最終取決於良好的人際關係。有時，這種關係是職業性的，例如一名工程師與其他工程師在一起工作，共同的技術背景和目標使他們建立了職業性合作關係，在短期的外出中令他們獲得一種暫時的、僅限於業務方面的人際關係的成功。其他在國外旅行的人則靠著地主國人的寬容，往往「我行我素」，不需做任何努力去適應文化上的差異。這種職業或遊客型關係的短期性成功有時會導致人們低估跨文化互動中文化差異的重要性。這種「成功」持續不了很久，即便是技術人員，最後也得放棄專家的角色，培養自己在跨文化處境裡與同事的情感共鳴。

直到前不久，人們才開始關注到文化差異或社會文化因素對人際關係的影響。時至今日，從事國際事務的人們對上述因素是跨文化互動的重要部分這一看法，仍未達到廣泛的共識。在文化交流領域之外，這個問題在很大程度上仍然被學者們所忽略。理查・布里斯林（Richard Brislin）的《跨文化衝突》（*Cross-Cultural Encounters*）堪稱為一個重量級的嘗試。布里斯林在書中總結了目前跨文化人際關係的研究狀況，展示了該問題的複雜性，並設法說明為什麼實際從事文化交流的人總是置若罔聞，而研究者則依據文化是個統一體的觀點，只能對它做出簡單的解答。

實務上，文化的兩個基本面向導致了相關的困惑。第一個面向是「主觀文化」（subjective culture），此即文化的心理特徵，它包括觀念、價值及思維方式。另一方面為「客觀文化」（objective culture），即某一文化的社會制度及人工製品，例如其經濟體系、社會習俗、政治結構，以及藝術、手工業和文學等等。客觀文化可以被看成是主觀文化的外在體現。主觀文化通常被加以物化。社會制度實質上是人類活動的延伸，但作為外在存在物，它們獲得了獨立的身分。這種彷彿「就在那裡」的客觀存在使人忘記了其背後的人性因素。

在傳統的大學裡，社會科學和人文學系對客觀文化的研究相當完善，或許，這是因為社會制度和人類行為的其他外在產物較便於考察的緣故。主觀文化通常被看作是對觀念、思維和記憶發生影響的一個無意識過程，或者被視為教育工作者無法著力的個人知識。因此，主觀文化在大學裡還是個新學科，在社會學、社會心理學及傳播學中所佔比例甚少，僅在文化人類學中作為主修。儘管人類學家總是要進行跨文化比較，但對於異質文化交流中實務層面的研究卻是微乎其微，他們的主要興趣還是在於收集有關客觀文化、社會制度方面的資訊。這類資訊雖說能夠為異質文化交流提供有用的背景知識，但卻無法幫上將要出國的旅居者的忙。然而，目前大部分為出國人員開設的訓練課程所涉及的文化觀念，談的主要都是這類客觀文化。可見，我們迫切需要對主觀文化做更深入的研究，使它能更有效地被整合進我們為那些出國生活和工作的人設計的課程之中。我們將在後文分析文化的某些基本因素，其目的是為了說明跨文化交流互動中人際關係的特性。

當美國人遇上外國人……

對包括美國人在內的大多數人來說，跨文化互動的首要特徵就是一個人所熟悉的行為準則都逐一瓦解。這些行為準則原本使他們得以在熟習的文化中不假思索地處世為人，一旦瓦解後便導致人們過去習以為常的小問題，變成需要小心盤算、審慎決策的大問題。他們也許連什麼時候該握手點頭，什麼時候該提問，什麼時候該表達自己的看法或者保持沉默都搞不清楚，甚至對自己作為顧問的技術成效也表示懷疑。他們需要尋求合適的溝通方法。

面對這些難以預料的跨文化情境，人們往往固守自己既有的觀念，並忽略那些由地主國人難以理解的行為所帶來的自己思想或行為上的混亂，而不大可能停下來思索和尋找雙方行為上的差異。因為，在下意識中他們認為只有自己的行為方式才屬正常，是天經地義和無可置疑的。當然，有這種自以為是的文化優越感的不僅是美國人，世界上大部分人都一樣。

遇到外國人時的不知所措，常常是美國人涉外工作中一個嚴重的問題。在一個陌生的環境：

他發現那些貌似熟悉的官僚機構和技術系統的實際運作方式令人大惑不解。同他打交道的人雖然也受過與他相似的專業訓練，但他們的做法有時卻難以捉摸，然而他卻非得與他們合作不可。如果他不能確切地瞭解為什麼看上去相似的事物的實際操作卻南轅北轍，挫敗感就勢必無法避免。[1]

對那些在熟悉的機構中與外國人共事的人來說，由於環境沒有給他們提供什麼外在刺激使他們意識到自己行為中的文化偏見，或使他們對自己行為的客觀性產生質疑，這個問題也許將顯得格外尖銳。瞭解自己文化存在的偏見及固有習性，能幫助美國人不再把自己的觀念和價值當成所有世人的規範。態度的改變並不是要美國人放棄（即便他們可能做得到）或低估自己的文化，而是讓他們能更加客觀地理解自己和外國同事的行為。

美國人經常以顧問的身分在國外工作，在那裡他們比較少直接參與實際的工作，因而他們在國外的工作目標沒有像在國內那樣明確。倘若其工作及社會位置尚未確立，那他們只能依靠自己單獨地進行決策、判斷和工作。當日常瑣事變成重大問題、文化差異變得劇烈時，他們的工作狀況可能陷入膠著。在熟悉的機構中工作的美國人也同樣會喪失身邊的社會支持，可能遭到孤立或被外國的社會結構所同化。一般來說，他們也得不到來自同事們的那些習慣性的幫助和勸告，或道義上的支持。

許多美國人發現，他們到國外後的工作性質與在國內所預期的大相逕庭。當他們發現受訓者除了會講本地話外可能是文盲時，整個訓練計畫甚至得改弦更張。有時，由於當地人沒有細菌的概念，所以無法理解那些預防性的保健措施，從而致使某一健康計畫難以順利開展。更令人頭疼的是，當地人的文化對於疾病、健康有一種與西方的科學發現毫不相容的說法。總而言之，在美國被堂而皇之地稱為「訓練」、「教育」或「健康」的概念，在國外其所具有的含義也許完全不同。

駐外美國人必須面對的一個特別麻煩的問題，可能是來自當地官員和政府部門的頑固與保守態度，這常常迫使他們不得不靠不斷的說服與拉關係來生存。他們或許得痛苦地承認他們的原定目標根本行不通。工作缺乏具體成績時，美國人往往會產生失敗感。通常他們會認為自己的服務不被人需要，這更加重了其挫敗感。（對於軍事顧問尤其如此，維和部隊志工的情況則略好點。）美國顧問的到來被當地人看成是一種必要之惡，頂多也只是可有可無的。美國人儘管享有優越的物質資源與威望，但他們的建議並非總是受到歡迎。

美國留學生、教育工作者和研究人員面對的問題，在某些方面與在國外生活的高階技術人員及其他專業人士所遭遇的情況十分相似。在國內環境裡建立起來的那些宏偉的教育目標在外國也許遙不可及。研究人員可能發現「應該」供隨時查用的資料卻被層層的官僚機構所隱藏，他們或許感到自己的諮詢方法，例如訪談或問卷調查等，不合適或者無成效；學生們原以為他們的房東僅僅提供住宿而已，但未料到與房東打交道也得頗費心思地進行跨文化方面的適應和調整；教師們會碰到截然不同的學習方式和課堂舉止。那些慣常的行動準則的缺失也同樣會對學者們發生負面影響，令他們感到一事無成，但也可能產生美國的教育最為優越這樣的想法。除此之外，學生們和其他參與教育交流計畫的人員可能會感到，出國前所期待的種種的美好想像，都被一連串始料未及的遭遇給抹煞了。

美國教師和學者在國外的處境，與那些在貌似熟悉的機構中工作的其他人員很相似。他們往往抗拒承認文化差異，盡力做好他們所熟悉的角色——鼓勵的角色，即鼓勵在美國課堂裡一般流行的師生平等對話，和強調師生彼此有來有往的互動原則。教師們可能會在歐洲以外的地區發現，學生們在課堂上舉止莊重，對老師畢恭畢敬，不願參加課堂討論，並且傾向於死記硬背式的學習方法。美國教師可能會把這種現象當成自己做教師的失敗或者學生本人的失敗，而沒有認識到它是一種不同的文化模式。

反之，到美國來的學生和學者也同樣會遭遇美國人在國外面對的震撼。美國教師一般要求外國學生遵守一定的行為「規範」，任何脫離常規的行為都被當作不能適應的例證。諷刺的是，為適應美國課堂的模式，外國學生有時為了刻意積極參與而做得過火，如佔用過多的時間誇誇其談。在美國教師的眼裡，這種做法顯得自大和盛氣凌人，反而更加深了對該生的負面評價。在美國的外國學生和在國外的美國學生一樣，無疑得學習如何與地主國人進行有效的溝通，以及如何適應當地的教育體系。另一方面，能夠瞭解自己的文化並欣賞文化多元性的美國人，可以給予外國學生極大的幫助，他能坦率地承認他們之間不同的文化差異，並能使用比較性的文化術語解釋美國的文化模式。

美國人在國外能很快觀察到和描述出人們在語言、風俗及喜好方面的差異。其實，這類容易看到的差別往往掩蓋了深植於人們腦海中那些有關世界和人類生活的觀念、思維模式、和行為方式上的更為深刻的鴻溝，所有上述差異都會影響到美國人和他們的地主國人之間的人際互動關係。美國人常常難以察覺外國同事在行為、思想及情感方面的細微差異，但當這些差異累積得越來越多的時候，他們便需要解釋，而美國人最可能得出的答案就是：他們的外國同事對他們抱有偏見。換言之，美國人感到他們被人定型、曲解了。

有時候美國人之所以產生這種反應也是有道理的，因為美國人在其他人的眼裡確有某種固定的形象。外國人的看法也許基於他們以前所認識到的美國人，或者純屬道聽塗說，但更可能來自於他們所看到的美國電影和電視節目。許多外國人對於美國人的刻板印象其實根本不符合美國人自己的價值觀。例如，在普通的美國人看來，「富有的美國人」是一個既不準確又令人生厭的標籤。在國外，美國人無論是否執行公務都會被當作美國政府的代表，強烈的民族主義有時也會使地主國人忽略某個美國人的個人主張，而把他們的私人言論當作官方宣示，或以為他們在執行特定的官方政策。有時，所有美國人都被當成了ＣＩＡ特務。

另一方面，美國人也對別人抱有刻板印象。美國媒體對其他文化的傳統元素的關注，也導致美國人把他們的工作夥伴想像成陰晴難測、迷信、古板保守或蒙昧無知的人。在美國的外國人經常不勝驚訝地發現，美國人竟會向他們提出他們是否以駱駝為交通工具，是否吃過冰淇淋這樣的問題。諷刺的是，美國人素以為某些美國特色的人際關係具有普遍性，適應所有的外國人，但這恰恰是他們對別人產生誤解的根據。這種美式思維再加上外國人對美國人的成見，無疑更增加了彼此溝通的困難，遮掩了某些須加認真審視的深層文化模式。

簡單地說，跨文化互動的困難之處在於雙方察覺不到相關文化之間的差異。由於美國人對他者認識膚淺，持有根深蒂固的成見，並將自己的價值觀和道德規範當作自然且普世的衡量標準，所以，他們無論在國內或在國外都常常無法把握那種妨礙他們與同事溝通互動的社會因素。如果美國人未能察覺到他們的人際關係背後隱藏的假設，那麼，他們永遠不可能成功地建立異質文化之間的互動。倘若旅居者未能清楚的認識到不同文化之間的社會脈絡，那他們則往往會退縮到只能與自己的同胞相互取暖，或完全模仿當地人的一切，或乾脆打道回府，所有這些選擇都無疑使他們出國前的預定目標受到阻礙。

文化的相對性

在世界各地工作和生活的美國人經常反映這樣的一種意見，即那些大部分位於非洲、亞洲和拉丁美洲的非西方國家相互之間雖有區別，但卻全都具備某些被統稱為「非西方」的特徵。在此，對於這個問題的探討能幫助我們注意到文化的相對性。儘管上述看法的大量出現並不表示其正確性，然而「西化」（westernization）這一術語卻常與其他有關文化差異的認知緊密相連，後者對文化分析是不可少的。例如，非西方國家往往具有共同的身分，它們都曾是前殖民地或受到歐洲勢力控制的地區。即使在今天，歷史的重擔仍賦予它們共同的命運。以前，除了幾個主要國家外，這些非西方國家為工業國提供了廉價勞動力、原材料和市場。現在，他們組成開發中國家的群體，努力躋身於已開發國家的行列，其中日本已領先群倫。

把殖民主義的歷史納入文化分析將擴展我們的理解範圍，但由於社會科學家對於政治、經濟及軍事活動的瞭解遠比對主觀文化在行，因此，他們對人們的思維方式大都不做系統性的處理。德國社會學家圖尼斯（Ferdinand Tönnies）則是個例外，他分析了當一個國家從傳統的禮俗社會（gemeinschaft）發展成為現代的法理社會（gesellschaft）時所發生的各種社會變化。

禮俗社會的社會秩序主要依賴於具有相同的語言、種族、宗教，和族群淵源，以及在其地理區域內行使經濟權利的社會團體所奉行的習俗和傳統。群體擁有成員的一切，而成員也在群體當中尋求一切的滿足。社會制裁與政治控制由那些非正式制度產生的、按古老習慣擁有權利的精英人士掌握。勞動者得承擔起軍人的角色，同時也是社會秩序的支持者，並要服勞役。所謂輿論和意見，從某種意義上說，是私人性的，因為它們和社群的習俗緊密相關，而不是由公共討論來決定。個人的認同與社會完全綁在一起。禮俗社會的社會肌理為它的成員製造了一種「人際現實」（interpersonal reality）。狄亞士・格雷羅（Diaz-Guerrero）曾在區別墨西哥文化和美國文化時使用了這一概念，他在書中談到美國文化具有一種「客觀現實」（objective reality）。這兩種概念廣泛應用在禮俗社會和法理社會的分析上。[2]

當一個社會邁向現代國家時，禮俗社會中以感情與情緒為基礎的社會關係與凝聚力，將變得鬆弛，進而形成不帶個人色彩的社會關係網絡，支撐該網絡的是一種正式的、甚至契約式的關係，這正是美國這樣的法理社會的特徵之一。這種社會關係建立在理性的協議及個人興趣之上，並受到法律制約。社會團體按照具體的目標而形成，並根據特殊的興趣，或者以專業技術、教育及職業專長吸收成員。個體的身分與其所屬的社會脈絡無關，其作為一個個體公民的身分比作為某一群體成員的身分更重要。當政治和職業的連結替代了傳統的社會網絡時，個人享有的地位取決於後天成就的高低，而與出身血統沒有關係。在政治、社會，與經濟結構層面上的客觀文化引起的變化，逐漸滲透進人際互動的主觀文化後，思想變得理性，凡事強調實務效用，進而為法理社會的成員創造了一種客觀的現實。[3]

圖尼斯的二分法反映了在歷史框架中的西方與非西方、殖民者與被殖民者之間的對照關係，並可以幫助我們深入理解禮俗社會和法理社會中的主觀文化。對禮俗社會和法理社會的人際現實與客觀現實的分析，雖然顯得籠統和過度理想化，但有助於解釋西方和美國文化的發展。

藉由對工藝技術——特別是工業與軍事技術——在一個社會中的角色進行歷史性的探索，禮俗社會與法理社會之間的真正關係便顯露無遺。有兩項技術革新至關重要——槍用火藥的製造、用於工業和戰爭的鋼鐵焦爐冶煉技術。這兩項技術都不是西方的發明，早在西元一〇〇〇年左右它們就已經在中國出現。[4]在宋朝時，由於市場機制蓬勃發展的推波助瀾，中國的鋼鐵產量突飛猛進。然而，約在西元一〇〇〇年到一六〇〇年之間的幾個世紀中，推崇禮俗性人際現實的中國官員成功地遏制了新興商人對法理社會原則的追求，市場機制從未完全取代中國企業家對權威的服從，或者說，從未取得完全的生產支配權。在中古時期的中國：

靠著商業頭腦謀取私人財產違背了儒家思想，但只要他們的活動有利於官方，這些人可以受到官方的容忍，甚至鼓勵。然而，容許商人或製造業主們獲得過多的權利，或積累過多的資本，就像容許一個軍人或者一個野蠻部落的酋長控制過多的武裝人員一樣是危險的做法。[5]

官方政策能巨大地改變市場行為。政府通過設立國家專賣機構剝奪私人企業，並通過徵稅或強制統一定價而損害彈性。中古中國對市場調節行為的控制似乎顯示了禮俗社會對法理社會的一個反動，中國誇耀政治和社會的大一統，反對商人個體精神的昂揚，並把官僚階層放置在社會金字塔的頂端。在中華帝國官僚的眼裡，整個帝國就是一個家庭。[6]有時，官方對市場邏輯的反應甚至會是終止某項技術。例如，在一四三六年，明朝政府頒佈了一項法令，禁止建造新的遠洋船隻。當時從海洋上消失的中國船艦在技術上優於西方，在規模上也比幾十年後到達印度洋的西方輪船大好幾倍。[7]到十五世紀末，中國完全失去了它的技術優勢，西方在技術上保持了遙遙領先的地位，直到近二十年日本的突飛猛進才使這一狀況發生變化。

十五世紀中華帝國對商業的控制在西方社會找不到相同的例子。儘管基督教的價值觀和儒家思想一樣，對商業精神懷有敵視態度，但教皇想在基督教世界建立霸權的企圖屢遭失敗。各國國王們在此之前所做的多次嘗試也同樣一敗塗地[8]，所以，歐洲一直各自為政，呈現出區域性多元化的政治結構，互相之間經常發生爭端。到十三世紀，歐洲軍事和市場的擴展使私人性的社會聯繫迅速減少，取而代之的是法理性的市場行為，禮俗社會中的那些人際關係已明顯地不再左右人們的日常行為。

> 新的政治形勢為市場與軍事的緊密結合製造了機會。在西歐幾個最蓬勃的經濟中心，這一結合模式被固定下來並發揚光大。十四世紀時，以營利為目的的組織性暴力格外令人矚目。譬如說，在義大利，傭兵變得相當常見。因此，市場的力量和思維開始影響軍事行為，這在以前十分罕見。戰爭技術開始在歐洲人當中迅速發展，並很快達到了前所未有的高度。[9]

從禮俗社會到法理社會的轉型，似乎讓戰爭與商業乾柴烈火一拍即合，而火藥是最強大的媒介。歐洲有關槍的最早記載是在一三二六年，由此可見，槍械技術在當時得到迅速發展，並未受到政治或社會的控制。到十五世紀，科學與戰爭在義大利已經結合在一起。飽受戰爭威脅的義大利人動員了他們之中最有才華的人，想盡辦法對付法國軍隊用來攻打義大利城邦的大砲。米開朗基羅、達文西及後來的伽利略等許多人都被迫進行有關研究，形成了延續至今的科學與軍事技術相結合的模式。不斷改良的武器製造革新了戰爭的面貌，推垮了城牆，並造成西方社會的重要變化。與中國人相反，歐洲人似乎對戰爭、科學和商業的統一十分著迷。

禮俗社會雖然看來前景堪慮，但我們卻在日本的歷史當中見證到一個有趣的反例。一五〇四年，葡萄牙人持著槍在日本海岸登陸，日本人很快便採用這些武器並對它們加以改進，僅用了一個世代的時間，日本人製造的槍的品質已超過了葡萄牙。貧賤的日本農民使用這些精良的武器成功地消滅了高貴的武士集團，從而嚴重破壞了社會的禮俗結構。一六四二年，日本海岸對外關閉，取締槍枝的使用，銷毀現存的槍枝，有關槍枝的記載從文獻和手稿中被一筆抹煞。在長達兩百年的時期裡，為保護其社會關係的完善，日本成功地將其軍事技術的發展拉向後退，並徹底銷毀了先前存在的紀錄。日本因鎖國而免於西方的殖民。一八六八年，當日本海岸再次對外開放時，日本人充分利用外國技術，很快使日本實現了現代化，到二十世紀八〇年代，日本人佔據了自由世界第二大經濟強國的位置。日本的成就建立在禮俗社會的基礎之上，這表明現代化並不一定像西方那樣，非獲得法理社會的動力不可。

一九七〇年代的全球局勢使人們對理解禮俗社會和法理社會的關係有了新的角度。通常認為只能發生在法理社會的西方經濟和技術的優勢（尤指美國）受到了日本的挑戰。日本是一個以禮俗社會體制為基礎的工業化現代國家，其社會、政治及經濟機構相互混雜，難以割裂。在基本上為一黨專政的政治制度中，政治問題在黨內藉由禮俗社會的人治方式得到解決。無論是在制度或人際關係層面上，日本揭示了這樣一個事實：在表面的工業化之下，日本文化與孕育歐、美國經濟發展的文化有所不同。與西方在現代化過程中的教訓相比，日本的成功顛覆了過去的成見，證明禮俗社會和法理社會之間的關係相當複雜，遠非所謂一場簡單的歷史革命即可把農業社會改變成現代社會。

圖尼斯最初的公式，即對禮俗社會和法理社會的簡單二分，顯然過於簡單。今天，在禮俗性的社會群體中，建立在血緣、地域、種族、習俗，甚至語言和宗教之上的那些傳統的基本人情羈絆仍然繼續存在；人與人之間緊密的私人紐帶仍作為一種社會機制，被社會運動和革命利用。在民族危難之際，愛國主義精神會格外高漲。但根據對二戰參戰人員的研究，國家意義上的凝聚力（訴諸於意識形態和愛國主義的感召力）並不能使士兵保持旺盛的戰鬥力，真正有效的是士兵彼此之間的兄弟情誼。[10]

此外，我們可以在本世紀五〇年代以來備受爭議的族群問題中，看見保留在美國社會中的禮俗社會影子。族群身分（ethnic group identity）和禮俗社會的歸屬感部分地彌補了在一個更大的社會中被視為二等公民的處境。新的團體認同為這些以前弱勢的少數族群帶來了政治力量。社區組織、交友團體、集體治療小組、福音教派、黑人民權運動、學運風潮，以及其他的社會現象的蓬勃發展，都同樣顯示了美國社會中禮俗社會的蹤跡。

各個不同社會之間的差異使禮俗社會和法理社會這個簡單的二分法顯得太過武斷。譬如，過著傳統農村生活的泰國人屬於禮俗社會的成員，但是，泰國人認為他們基本上是自立的個體，而非家庭或其他外延群體的成員，他們的自我觀念與法理社會中產階級成員的自我觀念頗為相似。

另一方面，和美國人一樣生活在高度工業化國家的日本人，卻會透過自身與他人的關係來定義自己。這些關於自我的不同定義具有雙重含義：第一，某一非西方文化的某些特徵有時可能與其他非西方文化有所不同，但卻接近西方文化的相應特徵；第二，工業化並不一定非得像美國那樣強調個人的因素。

顯而易見，我們不能把圖尼斯的禮俗社會／法理社會二分法看成兩個割裂的範疇。雖然它們能對不同文化提供一些基本的對照，但不足以呈現文化之間和文化內部的差異。如果我們拋棄範疇的概念，把禮俗社會和法理社會看作一個光譜的左右兩端，而不是兩個互相排斥的範疇，那麼這兩個概念就能作為文化分析的重要工具。美國人的思想裡有一種偏見，尤其在描述非西方社會的時候表現得很明顯：理解與自己相同的東西，貶低與自己不同的東西。美國人通常不會意識到，每個社會都包含著各種各樣的文化差異。兩個社會之間的差異只有通過比較其相同文化成分的模式才能鑑別。

除了使用禮俗社會和法理社會這一思路外，這本書還借鑑了許多其他的理論方法。我們用於選擇文化成分及強調文化差別的方法基本上和佛羅倫斯．克羅孔所使用的「價值定位法」（value orientation）相同。她的文化差異模式所依據的論點是：所有的人類不論背景或生活條件多麼不同，都得面對某些共同的人類問題。如何適應自己的文化夥伴便是其中的一個問題，這也是圖尼斯提出的一個關鍵性的問題。克羅孔後來確立了四個補充命題：人與時間的關係，人與自然的關係，人的活動形式以及人的本質。[11]對這些普遍性的人類問題，每一個社會都有許多各種可能的解答，儘管通常一定會有一個主流的解決方案。不同社會的主流解答反映著不同社會內部共通的文化定位（cultural position），在任何特定文化中，對這一立場的偏離則反映其文化內部的差異。

這本書中所使用的分析方法遠遠超過了克羅孔提出的五個命題，但基本觀點是相通的。書中對美國及外國社會的描述，將主要依據該社會的成員所擁有的眾多解答中享有主流地位的文化定位，其他不同社會的主流文化定位將為美國文化提供對照範例。

如果我們考察一下全世界的各種主流文化模式，我們就會發現美國文化對某一問題的態度往往處於光譜的一個極端，而非西方社會的文化則傾向於佔據或靠近另一極端。例如，伊朗人、厄瓜多爾人以及台灣人評價他人的標準有所不同，但與美國的中產階級相比，上述每個社會的成員都更加重視禮俗性的家庭特徵及社會地位。在美國，個人成就往往比家庭重要。在這個問題以及其他大多數的文化觀念和價值觀上，美國中產階級與大部分非西方文化群體很不相同。因此，我們可以把非西方國家的人作為一個群體與美國人進行比較，即便非西方國家本身存在著明顯的差異。

觀念和價值

人們總以為他們知道這個世界究竟是什麼樣子，於是他們會很驚奇地發現世界的「事實」原來是由同一文化成員共同分享的某些觀念所建構。「文化觀念」（cultural assumptions）即指滲透在個人的世界觀和行為中的那些抽象的、普遍的、和系統性的概念。它們的存在是替文化成員規定什麼是「事實」，以及事實的本質是什麼。觀念本身不等於行為，後者一般是具體、互不關聯、且發生在特定時間地點的。在定義上，文化觀念是人們意識不到的，也就是說，我們無法隨意想像出它們的替代物。從這個意義上看，觀念就像達里爾・貝姆（Daryl Bem）所說的原始的或零度狀態的信仰（zero-order beliefs）。

> 我們對它們太習以為常，以至於察覺不到它們的存在。只有在某些怪誕的情況下它們遭受挑戰，我們才會注意到它們或者對它們產生疑義。[12]

由於不同文化的成員對世界和經驗的看法各不相同，人們便對「事實」持有各種不同的觀點。例如，大多數美國人隱隱約約地都相信有一個客觀的現實世界的存在，他們認為外在於他們的世界是物質的、可以用自然科學原則予以解釋，且並無靈魂或精怪。這些觀念的正確性似乎不言自明。但是，誰都知道，許多非西方國家或地區的人並不這樣認為。很多南亞和東南亞人賦予自然一種西方人認為唯有人才具有的本質。西方人，尤其是美國人，因受他們觀念的影響，天生熱衷於開發和利用自然環境來為自己服務。相反，印度人或東南亞人會努力追求某種與自然合而為一的境界，因為他們相信這才是真正自然的關係。按這種萬物有靈的觀點，人類只不過是生命的某一個形式，並不具備什麼「萬物之靈」的特性使他們有別於其他的生命形式，或者有別於像高山、峽谷這樣的自然環境地貌。

對自我的認識和對世界的認識這樣的基本觀念，可以從一個人的行動中推論出來。然而，對任何特定行為的充分解釋通常都需要運用好幾種觀念。再者，這些基本的認識並不能一成不變地推論出某個人的行動導向。例如，美國中產階級一般把自己看作個體，把世界看作是無生命的，把其他人看作有合作能力的競爭對手，並把行動看作生存的必要手段。這些觀念能夠預測某個人是否成為商人或社工、會不會去投票、在思考時傾向採用演繹法還是歸納法嗎？個人的抉擇可反映其基本的文化觀念，但更可能是基於個人的偏好。個人偏好沒有文化觀念那樣抽象，也不具那樣的普遍意義和系統性。例如，美國人購買汽車、住宅及其他的物質財產，並非因為他們覺得自然資源可以被開發利用，而是因為他們希望得到物質的享受與舒適，以及由那些商品所代表的社會地位。他們主要根據個人的愛好而購車買房。

在跨文化脈絡中，我們要如何證明文化觀念是存在的？儘管美國人在他們的行為動機以及個人喜好方面可能大相逕庭，但他們清晨不常在房子周圍的地上和草叢裡擺放一袋袋稻米（或馬鈴薯）卻是事實。在美國，這樣做肯定會被人認為是怪咖，然而，在峇里島的印度教徒的眼中卻是合乎規範的正常行為。峇里島人和印度人關於有生命的精靈世界需要餵養的觀念，與美國人無生命的物質世界的觀念形成對照，從而解釋了兩種不同的行為模式。異文化之間其他類似的鮮明對比以及許多更加細微的差別表明，在不同文化中被普遍認可的行為的背後都有一套基本的文化觀念。

如果文化觀念是指對現實世界之本質的基礎看法，「文化價值觀」（cultural values）則指某文化中人們對某些行為或態度的嘉許或褒揚。價值觀規定什麼是較好的行為和生存方法。克萊德・克羅孔及其他人在對「價值」這個詞的不同用法做了綜合性回顧之後得出，所有的用法都有一個共同的成分，那就是「應然性」（oughtness）。[13]價值和觀念一樣，其本身並非行為，而是指導一個特定文化中的人針對是非對錯的判斷達成共識。

追求物質享受就是美國文化價值觀的一個範例。美國人大多會在家中安裝暖氣禦寒、冷氣避暑，但日本人則認為和自然貼近比享受物質舒適更為重要，處在同樣的環境條件下，他們可能在冬天使用小暖爐，夏天使用電風扇。此外，美國或日本的價值觀除了作為指導行為的標準之外，還都具有認知與情感的作用。美國人的頭腦中有壁爐、暖爐和暖氣的概念。他們看著家裡的壁爐，腦中想起每年初秋暖氣飄出來的味道。至於冷氣，他們感覺到它的涼爽，聽得到它的噪音並享受它吹在身上的習習涼風。這一概念與情感的結合使得對氣候的控制成為美式生活的一個部分。因此，一般來說，由於價值觀既包含了抽象的內容又有生動的情感，它就能指導人們的行為，甚至形塑了整個社會的樣貌。[14]

具體的個人偏好，譬如怎樣選擇空調、食品、汽車、雜誌等，不在價值觀的作用範圍之內。

如果價值觀也包括了這一點，那麼價值觀的概念就過於空泛而失去實用意義，因為每個文化中每個人千變萬化的偏好將會使得任何針對該文化整體的綜合與統整變得不可能。這種變異反映了每個人個性上的差異，它屬於個體心理學的研究範圍。但正如克羅孔和斯特羅德貝克（Fred Strodtbeck）所注意到的，在個人偏好之外還存在著重要的次文化變異（subcultural variations）。

> 在大多數有關文化模式的共同價值成分的分析中，主流價值觀都被過分強調，而各種變異的價值觀大都被忽略……我們堅信，在文化現象的領域裡也存在系統性的變異，它與物理和生物現象的系統性變異一樣明確、一樣關鍵。15

儘管我們承認各個次文化可能都有不可忽略的價值變異，但這本書的分析特別集中討論美國中產階級的主流價值模式，只是為了避免過分扭曲美國社會的全貌，也會補充討論美國其他不同的價值模式。在從其他社會尋找互相比較的範例時，我們同樣會選取該社會中的主流文化模式，而非內部的變異現象。即便如此，我們仍然意識到我們不可能完全公平客觀的掌握美國中產階級社會或非西方文化內部豐富的多元性。

然而，還有另外一種偏離主流價值觀的情況會發生，那就是當行為不受價值的驅使，而是被用來實現某一特定期望時。例如，美國人會試著使他們的行為符合自立自強（self-reliance）這一社會期望，但是，為了顯示自己的獨立他們卻會採取一些並不真的反映自力更生這個價值觀的行為。譬如他們不向親戚借錢，卻還是向銀行貸款。換句話說，人們有時會努力滿足他們被社會要求達到的那種刻板印象。我們將用社會規範（social norm）這一術語指稱這種對社會期望的表面性的順從。

「客觀」的行為標準？

在結束我們對跨文化問題概念的討論時，或許應當考慮是否能為出國的美國人，或在美國的外國人提供一份該做什麼和不該做什麼的清單。為什麼不可以告訴美國人，在泰國不能把腳指向他人、在寮國不能拍小孩的頭、在沙烏地阿拉伯要永遠使用禮貌而華麗的措辭、在瓜地馬拉不要期望人們會遵守時間呢？總而言之，列出一份從合理行為到禁忌行為的清單不是不可能。但是，這個方法具有誤導性，原因主要有兩個。

首先，我們幾乎不可能找到一個絕對客觀的標準來衡量每一個行為究竟是合理的還是踰矩的。行為是具體的，但也是模糊的，相同的行為在不同的情境中可能具有不同的含義，所以，在旅居者參考標準行為清單作為指南之前，有必要先分辨行為的整體脈絡以及行動的偶發情況。就目前我們對於人類行為的瞭解的程度來看，根本無法開列出所有可能發生事件的清單，所以根本實行不了。其次，還需瞭解與旅居者一起工作的那些外國人的有關情況，這種資訊一般很難得到，甚至連獲取資訊的管道都沒有。所謂掌握合理和禁忌行為的理論根本似是而非，導致美國人與外國人都綁手綁腳，反而阻礙了順暢的溝通。

在揚棄了條列式的行為清單之後，旅居者們需要其他的方法來指點迷津。我們有理由認為，美國人在國外——尤其是以革新者的身分出現時——其行為不能完全像美國人，但也不能完全像地主國人。要特別注意的是，要完全融入當地文化既不可能，也沒有多大助益。對旅居者來說，最理想的做法就是建立一種對各種文化都融會貫通之後的「第三種文化」，並以之作為行動的指導。[16]「要做到這一點，旅居者首先要瞭解自己的行為所依據的文化觀念和價值觀，有了這個重要的基礎，他們就能夠把自己文化的觀念及價值觀，與當地的進行系統性的對比，並進而發現與他們具體情況相關的存在著文化差異的地方。這個方法也可使旅居者設身處地站在地主國人的立場，理解他們的感情和期望。最後，與外國同事的良性互動、對相關文化問題的瞭解，都有助於異質文化之間融洽的交流互動。

第二章

知覺與思維的文化模式

在美國人的日常用語中，有關知覺（perception）的話題反覆出現。美國人的談話充斥了類似「看到」、「聽到」及「感覺到」這樣的字眼。人們會說「我聽說……」，或者有人會問道「你對目前發生的事怎麼『看』？」通常的回答是：「我早就『看』出會發生這樣的事。」

知覺及其同義詞在各種情況下的頻繁使用，表明了這個概念的籠統與模糊。講英文的美國人在兩種不同的意義上使用這一概念。例如，如果一個正在徒步旅行的人說，「我在山上看見了山谷裡的村莊」（"From the mountain, I saw the village in the valley."），知覺在這裡指的是一個觀察的過程，即世界的物質特徵在大腦中留下的印象。但當同一個人又說，「我覺得是時候該回頭下山了」（"I saw that it was time to turn back and decend to the village."），此處知覺是一個判斷，是對其處境的評估。

根據上述觀察，我們可以看到人類的知覺就像有著兩張面孔的古羅馬門神伊阿努斯（Janus）的形象一樣，一張面孔向內，另一張向外。[1]向內看的面孔負責感覺、直覺、意見，和觀點這樣的知覺和思維的主觀過程；向外看的面孔對物質世界的特徵進行監控，並注意到對物體的感覺印象，比如就「視覺」而言，即指形狀、顏色、質地和尺寸這類屬性。知覺的外向面孔是客觀的，它在主觀的內向面孔的轉變是微妙而難以察覺的。表一是知覺和思維過程的直觀圖示。

如圖所示，我們採用的是傳統方法，即分析人類思想的三項主要過程：感覺（sensing）、知覺（perceiving）、和思維（thinking）。在這個傳統分析法中，位於表層的感覺和知覺與對外部世

表1. 人類經驗的圖示

結構	產物	過程
感覺能力	刺激	感覺
	表層	
知覺能力	感知 感知對象 圖像 概念	知覺
思想／認知能力	思維模式	思維
符號系統	繪畫 音樂 語言 數學	編碼／符號

界的理解相關，而思維是深層的，就像一般語言中我們會說的「深刻的思想」一樣。事實上，知覺處於感覺和思維中間並連接二者，正是在這一連接之中，人類的思想過程呈現出它的伊阿努斯的本性——一個面孔向外看著表層，第二個面孔向內看，「陷入沉思」。

編碼或符號系統的建立（encoding / symbolizing）屬於第四層，是最深層的思想過程。它與思維融為一體，但也表示一種以溝通為目的，由思維來主導的知覺能力——譬如人們在貝多芬的交響樂、自由女神的塑像，以及英文書寫體中所體驗到的。至於人在進行與數學有關的思考時，對外部世界的表面觀察與感官資訊則完全派不上用場。

表一中左邊一欄是右邊一欄裡四個過程的結構上的對應物，處於表層結構的是感覺，接下去是知覺、認知，最後是符號系統，每個結構都和第三欄裡的四個過程對等。我們所關注的是結構和過程如何反映在第二欄中的產物上。

深邃的智者

這需要深刻的思想：一隻心中之眼，
銳利的眼光如同打撈沉沒貨船的潛水人，
沉入海底，在那兒探求尋找，
並不將自己迷失在四處徘徊的幻影幽靈中間；
願一切順利也無厄運相隨
為了國家，我們最大的關愛，
也為我們自己……

《乞援的少女們》，希臘詩人艾斯奇勒斯

感覺

人類生活在一個充滿感覺的世界。人的眼睛能夠分辨大約七百五十萬種可區別的顏色。[2]人的耳朵據統計能對三十四萬種可鑑別的聲音做出反應。[3]嗅覺、味覺、觸覺、痛覺及其他的感覺向人發出有關身體狀況的資訊，它們對人的生存至關重要。[4]痛覺、觸覺，特別是動覺（運動）使我們注意到我們的身體，以及身體和周圍環境中物體的互動。然而，感覺器官受到作用之後產生的一陣陣刺激，對人來說其實相當模糊。隨後，知覺再將無數模糊的感覺信號——色彩、聲音、觸覺等刺激——轉換成我們所能理解的有意義的客體對象——工具、房舍、食物、撫摸。

我們周圍充滿了各式各樣的客體對象，我們對它們太熟悉了，以至於很難意識到它們還能產生什麼問題。客體的存在大都是感覺所不可及的，我們對客體的感覺是稍縱即逝的，譬如眼睛看到的輪廓、手感覺到的觸擊，或是鼻子吸到的氣味，有時不小心的撞擊在一陣刺痛之後留下一個瘀青。令人驚奇的是我們太過依賴客體對象的特性（properties），但我們很少或從不運用感覺經驗去檢驗它們。[5]

上面的這段話點明了知覺的矛盾性：我們的大腦從生理的感覺器官所接受的信號中建構了一個由圖像、思想，和感情組成的真實的世界，然後這個世界又反過來影響我們如何組織那些同樣的信號。知覺的矛盾之處影響甚廣，從稍縱即逝的感官刺激的模糊性，一直到我們生活周遭的客觀事物，甚至還包括我們對這些事物的期望與想像。以比較容易理解的視覺為例，人的視覺系統的目標是要對觀察到的客觀世界構築一個「固定的圖像描述」，把感官刺激所掌握到的剎那一瞬間，轉化成一個在時間上與空間上都固定的客體對象。[6]其他的感官運作可按照這個模式依次類推。

知覺

我們觀察到的穩定世界是由一系列的知覺作用構建的。通過它們，來自感官刺激的客觀特徵在大腦中以越來越複雜的結構進行編碼，這一編碼工作始於感知（percepts）、感知物（perceptual objects）、圖像（images）與概念（concept）構成的知覺程序。

感知

客觀知覺，或簡單地說就是知覺，是無意識的，因為人們並不知道知覺作用正在發生，人們只對知覺的產物做出反應，該產物在大腦中是以感知和客體的形式依次出現。一團紅色成了冉冉升起的太陽，刺耳的嚎叫變成一頭憤怒的野獸。通過被組織成圖形（figure）和背景（ground），感覺轉化為感知。我們看見太陽（圖形）掛在天空（背景），聽到野獸在靜夜的森林裡怒吼。

（我們很快將繼續討論圖形與背景的意義。）感知就是感覺器官所獲得的原始資訊被大腦處理過後的結果。

感知物

從感知出發，大腦再建構出感知物，它具有恆定性，並能靈活地適應周圍環境。在知覺發生的瞬間，感知與從感覺器官獲得的刺激是綁在一起的。兩者鬆綁之後，感知則仍然會留存在大腦裡，並被轉換成一個感知物的世界，維持一段長久的時間。也就是說，在某種程度上，被感知的物體獨立於具體情境及觀察者的具體視角之外。感知物會漸漸超過被感知的當下的特定情境，形象變得更加清晰，並取得一種真實性。

圖像

圖像是外界的物體或活動在我們內心或認知功能上的呈現，即「心中的一幅畫」。[7] 圖像具有多種形式。艾斯奇勒斯的「心中之眼」和「打撈沉沒貨船的潛水人」可用來說明什麼是「想像圖像」（imagination imagery）。我們的大腦能處理這類獨立於「眼睛」或「潛水人」之外的圖像。第二種圖像是「記憶」，它用來對感知進行確認和歸納。我們在人群中看到一個很面熟的人，但卻不記得是誰，於是我們重新整理自己的記憶，搜尋有關這個人的記憶，很快我們便能找到長得有點像此人的一個老朋友的圖像。記憶圖像和想像圖像均為抽象思想的媒介。[8]所有的思維模式中都存在圖像的成分，但對於具體的個人則因人而異，有很大的不同。

概念

概念是一個個心靈進行抽象化後的產物，通常是從具體的事例中歸納而得[9]，並構成一個思維單位。概念在思維過程中處於比感知和圖像更深層的位置。儘管概念可用一種比較具備想像力的語言來解釋，如用「深邃」比喻「心靈」，以及用「我看」代替「我理解」或「我知道」等，但概念的一個特性就是它本身並不具備感知內容。概念被用以劃分某些難以描述的關係。正是在這一點上，依靠感官的知覺過程轉換為依靠思想或概念的思維過程。這種轉換是個連續不斷且無法察覺的過程，儘管我們用肉眼察覺不到。但從二者各自的特徵來看，知覺和思維是截然不同的兩個過程。

思維模式

在心靈深層結構的認知層面，感知、感知物、圖像與概念會接受篩選、分類和組織。如此一來，大腦自己創造了一個認知上的、或說是只存在於我們心裡的一個主觀世界，其中一切事物都被賦予了一個意義與定位，大腦透過這樣的方式來掌握客觀世界中的對象。人腦會不斷接收新的感覺與認知資訊的湧入，在這過程中，我們腦中儲藏的知識（記憶）、情緒傾向（感情／直覺）、以及主觀的思維過程都一直在作用。本質上講，思維是一種心智能力，目的在於尋找意義，那是感官無法獲得，且超越客觀現實的。

由於人的心智運作速度非常快，不用半秒鐘的時間即可從表層到達思想深處，我們對於客體的知覺很快就被主觀的思維過程所覆蓋。當我們進一步向大腦的深處探尋時，我們發現感官刺激的影響逐漸減弱，而思維的影響逐漸增加。因此，當感覺—知覺—思維的過程看起來像是一條不間斷的鏈條時，我們可以清楚地區別處在表層的感覺和發生在大腦最深層的思想活動。

符號系統

思維過程的下一個階段就是建構複雜的符號系統，這個系統能夠被編碼，能以觀念（notations）、標誌（sign）、符號（symbols）的形式呈現並能與他人分享。圖畫和音樂的形式（它們也被當成「語言」）是全人類都能理解的形式；各種語言和數學只能在講那種語言和懂數學的人中間被理解。

象形符號是將知覺的視覺元素融合進複雜的符號之中，這些符號相當於語言的文法和詞彙，並出現在繪畫、雕塑及其他視覺藝術上面。音樂也以同樣的方式將聽覺和情感融入構成音樂語言的和音、節奏及旋律之中。

人類的語言也有知覺的成分，因為人說的話（speech）是以聲音來呈現。但是，語言的意義主要由深層的思維過程來決定，且通常來自於使用這一語言的社會群體。數學所涉及的是一種存在於感覺之外的純粹抽象的語言。不過，我們在這裡的主要關注對象是知覺和思維，而非符號系統。

由於許多思維過程的發生是我們察覺不到的，而且這些過程深受我們從自己的文化環境裡學到的觀念和價值的影響，知覺和思維在不同文化裡對人們的心態養成及行為規範方面起著非常大的作用。我們研究的正是這些心態和行為，並包括它們所賴以存在的觀念和價值，也就是我們上文提到的主觀文化。

美國人的知覺與思維模式

在我們對美國人的知覺和思維方式做出客觀的評價之前，我們有必要知道，只有某些特定文化會將表層的客觀感覺和更深層的主觀思維區分開來，並非所有世人都會這樣想。用「深層」這個詞描述思想是對傳統的思維形式的一個驚人突破。它首次出現在西元前五世紀的古希臘，從那以後它便開始影響包括美國在內的整個西方傳統。早期的佛教思維方式，以及今天在中國和日本通行的思維模式均與此不同。

用「深層」一詞來形容思想曾確切地出現在赫拉克利特（Heraclitus）和艾斯奇勒斯

（Aeschylus）的著作裡。赫拉克利特顯然是第一個使用「深層」這個比喻來描述思想的人[10]，並很快地被其他的希臘思想家效法，甚至造成巨大的思維典範的改變。在此之前，希臘人在感官和內在世界之間缺乏一個連接點。希臘人對外部世界的理解，如在荷馬作品中所反映的那樣，僅限於諸如鷹眼中的亮光、頭盔上太陽的反光、水手背上汗水的閃光，海倫臉龐驚豔的光芒，或餘燼裡微弱的紅光等這類具體的事例。對於人際關係的描述也只停留在義務、責任等表層關係上。荷馬的比喻較具橫向性，不大具有縱向性，它們只提到事物的體積、寬度、數量，及先後次序。諸如友誼或思維這類觀念，並沒有日常生活中的語言可以用來比喻，因此荷馬就缺乏直接表達它們的詞彙。阿基里斯和尤利西斯之所以未能仔細權衡所有可能的方案便做出抉擇，是因為當時的個體根本缺乏做抉擇的個人主體性。與此相反，勝敗生死都由天神宙斯決定，並受到以各種反映命運之力的神祇的干預。[11]

艾斯奇勒斯在他現存的一部最早的劇本中捕捉到了這種思維典範的改變——外部世界與深層的思想過程的連接。在《乞援的少女們》（*The Suppliant Maidens*）一劇中，當國王佩拉斯格斯（Pelasgus）被迫決定乞援人的命運時，他說：

> 這無疑需要深刻而有益的思考；
> 需要一隻銳利的眼，沒有困惑與迷亂，

像潛水人進入海洋的深處，首先為國家，但願此事不出任何差錯，
也願我們自己得到公正的結局……[12]

新的思維典範就這樣被化為永恆的經典。這段話的英文詩譯也請見表一。現在我們把過去古希臘人關於思想的看法稱之為深層結構，也接受了古希臘人對決策判斷過程中個人的核心地位的肯定。而這些都深深地根植於美國文化之中。由知覺與思維所產生的「客觀世界的物質穩定性」（material stability of the physical world）是美國文化思想的特質之一。為了幫助我們進一步地瞭解美式思維方式的獨特面貌，我們可以以至今仍在亞洲相當流行的佛教的知覺觀作為對比。

在印度，人們傾向於把知覺看作是捉摸不定的。早期的印度佛教徒把知覺看成知識的中心。[13]他們把飄忽的感覺當作思想的基礎，把實體的世界描繪成是由能量的瞬間幻化所構成的。[14]感覺不過是對剎那的反射性反應。佛教徒相信只有感覺尚未消失前的第一瞬間才可被人直接知曉，感覺所捕捉的僅僅是此刻，不是過去也不是將來。剎那的真實無法用言語形容，它不能用概念界定，也無法用文字描述。[15]客觀世界的穩定性來自於文字造成的幻覺，因為文字本來就與真實世界有所區隔。用感官去探索世界的真相，根本是緣木求魚[16]，因為感覺——即最高真實——是瞬間的，它無法導致物質世界的永久性。佛教徒認為，時間和空間的穩定性是我們想像出

來的。[17]

這種知覺觀影響了佛教徒對於自然與人文知識的組織方式。他們的知覺理論低估了直接的感官資訊和通過想像或推論獲得的知識兩者之間的差別，從而使他們將感官與思維的產物看作是相似的東西。具體的物體與抽象的概念被放在同一個層次上，抽象的觀念可以用具體的物體來表示。雖然客觀世界被做了詳盡的描述，但卻沒有像西方人那樣，即按照事物和事件的重要性分門別類，並在它們之上強置一個階級次序。[18]

當我們把美國人的當代思想模式同中國人和日本人的相比，這些概念的不同之處即一目了然。美國格言「靜水深流」（Still waters run deep，用以描述深沉內斂之人）如果被翻譯成中文，意思將有所不同。在中文中，人們常用「廣博」或「崇高」這樣的詞來形容淵博的思想家，而不使用「深邃」這樣的字眼。同樣，日本人更多地使用像大小、等級，或多少這類橫向性的比喻表現思想的特性，而不大用縱向性的詞彙比喻思想的深度。對於思維的過程，中國人和日本人遠沒有美國人和其他西方人所認為的那樣深。在中國和日本，人們不太重視個人思想的內在本質，而更多地關注外在的社會角色和關係，換句話說，中國人和日本人較具高度發展的社會學意識，但相對來說較少使用心理分析。

佛教徒和西方人對於知覺的不同理解表現在二者對大腦運作看法上的差異。人類感官功能的運作大致相當於如同鐘錶這樣的類比裝置，在一定程度上，它能直接再現功能與物體。[19]例如，像顏色那樣的感覺是連續不斷的，事實上，在眼睛所及的範圍其感覺是無限的。感覺反映了身體接受到的刺激，即產生感覺的波長。感覺被轉換成感知，並最終轉換成物體和圖像——即符號的建構。像語言這樣的系統就很像一個數位裝置，用葛列格里的話說：

我們不得不得出這樣一個結論，從生物學上講，大腦是一個類比系統。但由於語言的發展或發明，人類的生物上的類比性大腦居然能以數位的方式運作。這真是太奇妙，而我們對它的瞭解還只是滄海一粟。[20]

顯而易見，佛教對知覺和思想的觀念強調大腦的類比功能——即由能量爆發產生的瞬間感覺構成了難以捕捉的短暫真實。西方關於知覺的看法強調將感知的對象用數位化的方式來表達，於是我們會認為這個世界是恆常不變的。先是感官接收來自外界客觀的刺激，然後大腦進行抽象的思考，兩者的互動產生了世界是連續、穩固，和物質性的觀點。瞬息萬變的感官刺激與穩定的外在世界兩者是互相矛盾的，但人類能在日常生活中將兩者整合在一起。但假如每一個文化的人們都會這麼做，那思維模式上文化差異的根源又在哪兒？答案之一就是，不同文化的人在分類、篩選，和儲存他們接受到的感官資訊時，所使用的方法不同。圖形與背景之間的關係法則在這一過程中扮演著關鍵作用。

圖形與背景的意義可用一個簡單的例子加以解釋。我們在一張白紙上畫一個兩端閉合的圈，然後再看這個圓圈，我們看到的是一個圓，也就是說，是圈內的空間，而不僅僅是線條。圈內的空間似乎更加醒目、更加立體。我們把圈內的空間稱為圖形，把圈外的空間稱為背景。如果我們畫三條直線並將它們在末端連接起來，形成一個三角形，也會同樣出現圖形／背景的關係。圖形／背景的組織法則適用於所有感知的大原則，它多少解釋了我們的感覺是如何轉換為知覺的。另外，感覺源源不絕的被轉換為圖形／背景，也是瞬息萬變的類比性知覺被予以數位化的一個例子。

儘管對於圖形／背景的詮釋是一種生物性的知覺作用，不含主觀的成分，但在實際作用時，知覺會受到個體生活經驗的影響。例如，在關島沙灘上漫步的遊客很難辨認出島上被早期居民用作工具的石塊。首先，所有的石塊都很相似，初來的人需要積累一定的經驗，才能學會通過外表分辨哪些石塊可能是舊工具。儘管每一個人自然都會將感官信號組織為知覺並區別圖形或背景，但區別感知的具體物體通常受到個人從環境中學習到的能力的影響。

不同文化之間的差異幾乎僅存在於不同的主觀詮釋過程，即人們如何賦予事物特定意義的過程之中，而不存在於客觀知覺中。從這個層面上來看，思維可被看作是在建構一種分類原則（category boundaries），這個分類原則會指導我們如何區別圖形與背景，並將其轉換為可感知的對象。舉一個緊扣字面的例子，在飛機駕駛的訓練過程中，飛行員必須學會從周圍凌亂複雜的背景之中分辨降落跑道的圖形。（很多讀者聽到可能會感到不安，但這往往是一項頗為困難的任務。）

除此之外，大範圍的圖形還可以再細分。例如，滑雪者在出發前要檢查雪的狀況，他們將雪再分成不同的類型：薄粉狀、中等積雪、粒狀雪等等。不滑雪的人可能不會對雪做出這樣的細微區別，他們看到的只是雪而已。

大部分具體的分類原則的建構是後天學來的，在這一學習過程中，文化是個重要的因素。例如，密克羅尼西亞人很可能比美國人更瞭解各種波浪的類型，能洞悉潮汐與洋流的交互作用，這些知識對於航海很有用處。但在一個普通的美國人眼裡，海洋僅僅是一個背景，只有船隻或其他物體才是圖形。但是，這個美國人可能從一輛汽車發出的聲音，就能聽出這輛車的齒輪箱有問題了，而對密克羅尼西亞人來說，那聲音不過是汽車發出的噪音而已。總而言之，我們的文化使我們只能感覺到那些與我們的身體和社會生存相關的現象。從文化差異的角度看，我們務須理解，被一種文化認為「圖形」或重要的東西也許對另一種文化只是「背景」。

感知的界線變化不定。例如，講特魯克語（Trukese，即密克羅尼西亞人的一種語言）的兒童分辨不出藍色和綠色，araw這個詞指藍和綠兩種顏色，同時也是「大海是什麼顏色？」以及「青草是什麼顏色？」這兩個問題的共同答案，但是這些孩子們在他們的第二語言——英文訓練中逐漸學會了察覺顏色的區別。感知界線的多變性證明，如何解讀某種特定的感官刺激並不是由生理機制自動完成，而是一項文化心理活動。

像藍、綠這樣的詞彙所反映的感官刺激的分類原則大致固定，並非可以被隨意任意更改。分類標識屬有一個自己的系統與結構。例如，在英文中，藍和綠既是抽象的形容詞，但也可以被用來表達情感經驗，如「情緒低落」（blue mood）可用藍色來代表，或「羨慕至極」（green with envy）與綠色有關。藍和綠之所以能夠表達情感，其一是和它們所代表的顏色的象徵意義有關，其二是和它們在英語中作為抽象修飾詞的特殊地位相關。用來形容一個事物的詞彙會影響到人們對其他類似事物的感覺。一個事物在人心中所產生的印象，與其說是由物體本身所決定的，不如說是受到語言的微妙影響。我們的知覺會被扭曲，以適應詞彙、文法、文風等語言的結構。但也會發生相反的情況，語言有時會牽強地去適應知覺。表現在連續的層次變化方面的對自然界的類比性知覺就是一例：由於藍和綠之間沒有清楚的區分界線，藍色逐漸地融入綠色。但是語言本身建立了分隔範疇。綠和藍兩字之間不存在模糊空間，然而，當這兩個色彩標籤被用於形容大海、天空、或棕櫚葉子的顏色時，有的時候我們得用藍綠色，或綠藍色，兩種連續的色彩之間充滿了很寬的模糊地帶，致使精確的描述非常困難。這些模糊地帶的名稱往往很長，譬如我們說「寶石藍」而不僅僅是「藍」，「祖母綠」而不只是「綠」。觀察者對它們的反應較為緩慢，對它們的辨認也存在意見分歧。[21]

許多異質文化間交流的困難，來自於不同文化有不同的方式去界定那些他們感知到的模糊地帶。因為模糊的連續地帶受到壓抑，造成了人們焦慮的根源。被某個文化用來表示特定壓抑區域的詞彙也許會被一個對該文化和語言不瞭解的外來者不明就裡地亂用。用愛德蒙·利奇

（Edmund Leach）的話說，「語言給了我們許許多多用來指稱事物的名稱。但禁忌（taboo）卻禁止我們察覺區隔每個事物之間的模糊地帶……」[22]英文對動物的分類可以為這一理論提供非常有力的證據。

按照動物與人的社會距離，它們應分為四類：寵物、家畜、野生動物或獵物，以及荒野中的野獸。利奇指出，那些不大合適這一分類的動物則受到特殊的關注。例如，狗不僅是寵物，也是家畜（如牧羊狗）和野獸。作為寵物，對英文使用者來說，狗屬於「非食」種類，儘管在世界其他地方狗是被養來吃的。狗同時也成了「狗娘養的」這些髒話的根源。利奇寫道：

> 在十七世紀英國的巫術審判中，通常總要宣稱撒旦以狗身（Dog）現世，即上帝（God）的顛倒形象出現。在英國，我們仍然使用這個借代詞，當談及牧師的衣領時，我們不說「上帝的領子」而說「狗的領子」。[23]

貓、馬、驢、山羊、豬、兔、及狐狸也和狗一樣具有類別的模糊性。「它們會被用在髒話，或是被濫用作比喻其他事物，或是被其他比較委婉的詞彙取代。這說明這些動物似乎特別承載了某些禁忌的話題。」[24]

我們看到，感知的分類原則是通過主觀的詮釋過程而來的，而這個詮釋過程導致了人們對真實世界有了不同的體驗。但美國人不相信這種說法，一般美國人認為人生存在一個具體、客觀的世界當中。但事實上，我們的感官刺激以及對這些感官經驗的分類，都受到了文化的影響。

> 分類就是把清晰可辨的不同事物分成一組，把我們周圍的客體、事件和人物也做分組，然後根據每組成員的共同特性，而不是它的個別特性，做出反應。[25]

各類別界線的建立產生了圖像和概念，它們將我們的經驗內容類別化，並提供我們處理千絲萬縷、層出不窮的知覺訊息的方法。最後，儘管在知覺和圖像的自然分類中存在著文化差異，但與由思維主導的抽象、人為分類相比，前者算是微不足道了。

思維模式的差異

感官知覺和抽象思考之間的連續性，如表一所示，提供我們一個良好的參照架構，可以用來審視不同的文化在思維和價值上的差異。例如，美國人注重思維的功能性和實用性，相反，日本人比較傾向於具體的描述，而歐洲人則強調抽象的理論。所以，日本人的思維似乎比美國人的思維更靠近知覺的那一端，歐洲人的思維則偏向抽象思考的那一端。這是因為描述（日本之所長）比較依賴感官知覺，實用（美國）則與感知資訊的處理能力息息相關。理論性思考（歐洲）得靠符號系統，而距離知覺最遠。

靠近知覺端的思維方式可能特別擅長察覺眼、耳、鼻、舌、身在第一時間捕捉到的訊息的意義，日本人似乎就是如此。日本人的思維方式比任何已研究過的思維方式都更加接近類比性的知覺。我們可以由此得知，日本人一般對非語言行為，即一種類比式的人際溝通模式，要比美國人更為敏感。他們擁有一種細膩的知覺能力，關注人們的外表，注意他們做什麼及如何做。而美國人的感知能力則乏善可陳，比起日本人，他們更多地依賴數字和語言資訊，他們通常關心的是如何使事情得到解決，而對這事由誰來做卻不感興趣。美國人一方面從感知世界的客體與事件中收集各種訊息，另一方面也在具體的感知世界之外，建立一個略帶抽象性而功能性強的世界。

到國外的美國人往往只對周圍環境中與自己相近的事物做出反應，而對與自己文化不同的事物視若無睹。由於他們只尋求熟悉的東西，並且認識不到文化的差異性，往往導致他們把因思維方式不同而產生的摩擦理解為社會衝突。在以下報導的事例中，發生在一群美國人和一名英國工程師之間的思維方式上的不同，不幸被誤認為是人與人之間的衝突。

二十名經理人員聚在一起參加一個訓練計畫，這些經理是美國一家大公司的成員，並且都來自美國的東北部，其中有一兩名是從其他公司雇傭的，還有一名剛從國外來的英國人。該訓練計畫主要是為該公司在美國南部修建的一座新工廠制訂管理方針，並安排在實質性討論進行之前，讓參加訓練的人能夠相互認識一下。為了做好準備，他們讀了一本剛剛出版的管理技術方面的書，為了進一步認識他們自己的管理政策，他們認真地討論書的內容。在討論過程中，這群人很快就分裂成水火不容的兩個團體。

大多數的美國經理們意見一致（有幾名保持沉默），而那位受過良好訓練、經驗豐富的英國工程師在討論中則與他們針鋒相對。他們發言的言辭變得越來越激動，觀點也越來越情緒化，他們使用了像「成本效益」、「生產率」、「創造利潤」、「充分利用你的時間」以及「變革」這樣的詞彙。那位英國工程師不時地說他不明白美國人在談些什麼，並反覆強調必須瞭解特定工作環境和問題的具體情況。他十分強調他是訓練有素的工程師，有豐富完整的經驗，這使他擁有能夠應付任何新情況的能力。他覺得這些美國經理想要預測在他們的新工廠可能遇到的問題根本是紙上談兵，只能得出極為籠統和空洞的結論。對他來說，討論這些問題是沒有意義的。

這個案例中的美國人所顯示的是一種獨具特色的歸納式（inductive）和操作主義（operational）的思維模式，即高度重視效率，而不大關心個人行動所處的外在整體環境。他們會用「本益比」、「邊際效益」等非常務實的觀念來表達對未來的展望，或是設下成功的標準，這背後都反映著操作主義的精神。在這個案例裡，那些美國人一致贊同根據客觀事實做出合理反應的管理方針，但他們所理解的客觀事實卻是經過一套預定的操作主義原則詮釋過的事實。

與此相反，那位英國工程師則是從自己的觀點及以往的經驗中去尋求具體問題的答案。他想討論的是那些可以應用他的理論的明確事例，並不想採取美國人心目中的那種普遍原則，那不過是些對未來的胡亂猜測。他認為美國人對那些不一定發生的未知情況的高談闊論只是天馬行空的閒扯。而美國人則認為那個英國人只是蓄意唱反調，破壞了訓練小組的和諧運作。無論那個英國人還是他的美國同事，都沒有認識到他們之間溝通困難的真正原因。思維模式方面的文化差異很容易被看成是個人的無能或是存心找麻煩。

「事實」必須能被量化

通過上面的案例研究，我們可以推斷，美國人的思維方式重視行動，強調工作成效，但不搞「剎那間洞察事物之真相」那一套。美國人注重操作程序，而不大關心對具體情境的觀察。美國人相信這是一種理性和有效的思維方式。這與前述的知覺的關係是，美國人心目中的理性思維必須建立在客觀的世界之上，而後者能用科學方法予以測量、量化。這個文化特色是我們理解美國人的思維模式的一大關鍵，此即美國人對「事實」的看法。本書作者在南韓的親身經歷可對其含義作一說明。

作者訪問了位於首爾北部一塊將南韓與北韓隔開的非軍事區，並參觀了北韓人在山裡挖的隧道。根據南韓軍事指揮官當時發現這個地下通道時的推斷，如果這個隧道晚點發現，北韓人就有可能藉此發動襲擊，那麼首爾就危險了。訪問結束後，作者同一名駐紮在南韓從事情報工作的美軍上校交談，他說早在隧道被發現的十八個月之前，美軍情報官手頭已經掌握了足夠的資訊可以斷定北韓人正在挖洞。那為什麼耽誤了十八個月？上校回答說，大部分的有關情報是由在山中巡邏的南韓步兵收集的，其中包括地下傳出的陣陣響聲、地面感覺搖動的報導。上校說這些報導未被給予重視，因為它們無非是那些常常從南韓人那兒聽到的「捕風捉影」和「道聽塗說」罷了。

南韓人問美國人他們應當怎樣做才能被認真對待，美國人的答案是應該把「形象化的描述」轉化為「事實」。首先，資訊的來源需要被客觀地得到確認，提供情報的巡邏兵的人數要具體；其次，挖洞的聲音也需有個衡量的尺度，比如說，是一級還是十級。到底是耳邊的細語，還是頭頂上的雷電轟鳴？這都必須準確描述。地面搖動也應有輕微的顫動還是地震之別。報告這些事實的時候，應當附上事發當下的具體時間、地點。提供的情報如果符合上述條件，南韓人的那些「捕風捉影」和「道聽塗說」將不會被美軍情報人員所忽略。

從隧道這個故事，我們可以總結出幾個美國人的思維模式與南韓人的不同之處。美國人把「客觀」的，因而是可測量的感知內容，與僅僅是「捕風捉影」相區別。同時，美國人看來好像運用一種特別的分類原則來處理資訊，它不接受口耳相傳或閒談，而對這類資訊南韓人並不排斥。這些都進一步說明了美國人的事實觀的特色。

第一，事實應該具有具體的感知內容，它們是經驗性的，可觀察並可測量的。第二，事實是確實可靠的，不同的觀察者應該對它們達到一致的共識。第三，事實是客觀的，所以是有效的；它們不受個人觀點與好惡的影響，它們不受感知過程及觀察者本人的影響。在美式思維中，事實存在於外部世界，而不是存在於人腦中。第四，事實的可靠性和有效性必須要看它是否能在時間與空間的座標上有明確的定位，這導致了美國人談論「過去的」而不談論「未來的」事實。美國人也講「事實上」（as a matter of fact），但只是指特定時地或具體的事實，而非一個涵蓋範圍過大的通論，因為後者太空泛了。

儘管美國人對事實持上述觀點，但他們並非不能進行假設性的臆測——即通過對身分、行動、或事件的虛擬，以期獲取某種資訊或對某事的深入瞭解。在媒體的訪談中，美國人經常使用假設性的問題，譬如：「假如你是總統，對核電廠爆炸的威脅你該怎麼辦？」

美國人的事實觀、他們的量化傾向，以及其假設性的臆測方式，在其他的文化中並不多見。中國人顯然絕少運用假設性的臆測，法國人和印度人在訪談中固執地拒絕做任何假設性的臆測，他們顯然感到這是對他們個人身分的捉弄。據此，我們只能得出這樣的結論，美國人的這些思維方式並不具普遍性。

美國人的實用主義

美式思維會區隔內在的思維世界與外在的行動世界，但重視決策這類跨越兩者的活動。美國的思想結構偏重所謂的「程序性知識」（procedural knowledge），即關注如何克服困難、解決問題。相對而言，德國人則愛好對世界進行描述的「陳述性知識」（declarative knowledge）。[26]美國的方法是實用性的，它重視問題的解決和任務的完成。行動的結果就是衡量成功的標準。美國人的「實用主義」（pragmatism）體現了這種美式風格。實用主義既沒有艾德蒙．葛蘭（Edmund Glenn）所描述的俄國人那種對理論的堅持，[27]同時也缺乏日本人對知覺的信奉，實用主義介乎於兩者之間。美國人努力要在他們從事的工作中取得成效，為避免個人才智和常識的不足，他們培育出許多關於如何解決問題、如何決策及化解衝突的技術。實用主義運用心理學、博弈理論，和數學知識將人的思維和判斷導向實際應用。這種對人的行為所持的技術性態度，有時被稱作「技術主義」（technicism），[28]深深地根植於大多數美國人的意識之中。許多美國人相信它是放諸四海皆準的，但這顯然不正確，正如事實所表明的那樣，日本及其他文化中並不存在「概念性決策」（conceptual decision making）的原型。「替代方案」、「機率」和「衡量標準」這三個我們將要討論的概念，對於日本人所蘊含的意義和它們在美國人心目中的意義南轅北轍。

日本人在選擇行動計畫時，很少系統性地全面考慮還有沒有其他的替代方案。相反地，他們似乎更傾向於直覺性地做出選擇。在下面的案例中，我們可以看到日本人和美國人在方法上的差異，它展示了一般美國人和日本人在擬定計畫上的不同態度。

一名日本人和一名美國管理人員共同制訂一個計畫，安排一批從國外到東京訪問的外賓。那個美國人負責聯繫訪問者們在一週的行程中將要下榻的旅店，他收集了四個不同地方的資訊：商務酒店、高級賓館、宿舍（或類似的住所）及公寓旅館。他按照不同的報價，考慮方便、交通、伙食等因素，仔細權衡了每家的利弊，然後，他把結果拿給他的日本同事看。那個日本同事看了那些數字後問，他們怎麼能在同一個時間住四個地方呢？美國人回答說，當然他們不會住四個不同的地方，那些資料只是研究有哪些替代方案。他的同事回答說：「我們可以找出替代方案，但通常我們直接挑選最好的，而且幾乎萬無一失。」

美國人對機率的愛好也少見於日本或其他文化。西方人和日本人在技術方面進行合作時發生的一些觀念性的分歧常常導致誤解，甚至造成摩擦。下面提供的兩個例子就說明了這些困境，兩件事都是在日本，是西方技術公司與日方進行研究合作時發生的。

在東京的一名美國經理接到了一份該公司產品的訂單，生產該產品的工廠距離東京需乘三個小時的火車。美國經理知道該工廠的產量已經快要滿載了，但他仍決定打電話給他的工

> 廠經理——一名畢業於日本名校的優秀日本工程師，請他對生產訂單所需產品的時間做個估計。那位日本工程師不肯做出回答，無論美國經理怎樣堅持，最終也未能說服日本工程師。日本人不配合的態度導致兩人之間的緊繃。直到幾個星期之後，在一期訓練班裡兩個人不期而遇，在教員的幫助下，他們才對當時的情況進行了討論。

日本工程師對他的反應做了這樣的解釋：對他來說，數字即意味著著手工作，意味著對發貨時間的承諾。美國經理表示理解他的處境，但他說當時他只不過需要一個「粗略的估計」而已，並不要求做出承諾。美國經理習慣使用資料來預估可能發生但不確定的結果，日本工程師則不習慣這種做法。

這個例子體現了美國人和日本人在對待計量、機率，和計畫制訂方面的根本性差別。這一點至關重要，因為它再一次地顯示這些差異常常被理解成個人之間的衝突。美國的技術主義包含大量地應用數據進行估測。例如，美國關於生產數字的報告常常是以工廠最大生產力的百分比計算的，所以毫無疑問，那些數字會有不小的出入，而日本的生產數字則是嚴格地按照已經生產出的實際單位來計算的。在品質管制方面也存在著同樣的差別。在美國的管理系統裡，樣品被檢驗後，其結果會被用來判斷全部產品的品質。這同時也是一個技術主義的範例——運用統計和機率來增加效率。日本人則採用工匠的態度，堅持對生產出的每一件產品進行品質檢驗，樣品檢驗變得多此一舉。這樣，在日本，品質管制的責任自然就落到了生產線上，以及每個工人的身上。

上面案例中的日本管理人員的反應是典型的日本式反應。其一，他不贊同美國經理關於訂單的粗略計畫。日本人通常是在做了充分準備之後才討論他們的計畫。其二，他不想讓自己對僅僅是個可能性的交貨計畫做出承諾。因此，他陷入了左右為難的文化困境。

下一個範例展現的是對預測、機率，以及風險分析所持的技術主義的觀點。該案例是由一位北歐人報告的，他被派往日本檢查一艘被承包給日本造船廠的輪船的生產情況。

這位與日本人一起工作的檢查員在船體設計上發現了一個結構問題。他執意要把該結構的水平部件從長方形改成三角形，以增大垂直部件上的受力分佈。於是，日本人收集了大量的支持他們設計的資料，幾天後資料被送到檢查員那兒。面對那麼多的資料，檢查員無可奈何地批准了日本人的設計方案，但他感到很不安，他認為輪船結構體上的金屬在使用幾年後由於疲勞會出現裂縫。後來，他才明白日本人的計算只考慮到輪船的正常工作機能，而沒有包括風險分析，尤其忽略了對長期性的金屬疲勞的估測。日本人認為沒有必要做實驗來測驗設計是否可行，假如設計在圖紙上沒有出現問題，那麼輪船本身也不會有問題。日本人對於產品的品質安全會進行認真仔細的檢查，但他們的檢驗通常忽略了特別異常的狀況可能帶來的危險。那位深知北海之性格的北歐檢查員當然想瞭解船隻在惡劣環境條件下的承受能力。

假如一名美國技術人員處在同樣的情況下，他很可能與那位北歐檢查員持相同看法。表面上看，問題的原因是雙方溝通上的失敗，或許是日方為圖方便想走捷徑的緣故，但其深層含義並非如此。美國人（與這個案例中的北歐人）對機率和風險分析的態度不同於日本人。如果我們將這些分歧放入思維模式的脈絡中加以考慮，我們會看到日本人的態度與其感知型的思維方式互為表裡，而西方人的態度是以實用為目的，其基礎是抽象思維。在風險分析中運用預測和機率就是要得知，在某些有可能發生但不確定的條件被滿足之後，將會發生什麼樣的變化。對在思維上仰仗明確和可測量性的知覺的人來說，這種態度未免過於空洞。

上面的大幅分析說明，美式思維模式使美國人具有與日本人（以及其他國家的人）迥異的行事風格。這種差異甚至體現在技術人員對機率這樣的抽象概念的態度上，仰賴於感知性思維的日本人不太使用機率，他們選擇的操作方式是遵循確定的先例和規矩。

正如前面章節討論中所表明的那樣，美國人（和歐洲人）思維的操作主義特性使這種思維方式更靠近知覺／符號光譜的符號端。例如，美國人的思想傾向於未來，而未來是超出知覺所能企及、只能靠抽象思考掌握的狀態。讀者也許會懷疑，這種對未來的憧憬是否與美式思維的實用性相互抵觸？然而，美國人所謂的未來都是眼前可見的未來（near future），與其他習慣把未來看作是幾十年或幾代人的社會相比，美國人還是很務實的。其次，美式思維中的未來總是以某個行動的預期結果的形式出現的。換言之，左右未來的是人的意圖和行動，而不是抽象的時間。能夠精準預測未來行動的結果有助於美國人的決策，並在思維和行動之間建立了聯繫。我們將在討論「活動的價值」時再對此做進一步的探討。這裡我們只需注意，美國人對時間的看法可以說是折衷式的，它佔據了知覺／符號光譜上的一個中間點，並能把具體行動與抽象機率的符號意義結合起來。

在本章裡，感知思維的主要內容被理解為按照顏色、形狀、體積，和位置等等感官特徵加以分類的圖像。不過，對美國人來說，一件事物所具備的感知特徵不那麼重要，關鍵是它有何能夠為人類所用的功能性特徵，也就是說，一個事物的概念比圖像更有意義（電腦可不只是高科技的電動玩具，它主要是高速度的資料計算工具）。沿著知覺／符號光譜中點的位置繼續向前，大腦對外在物體進行的分類工作會越來越抽象，範圍也越來越大，直到分類能夠只根據一個單一原則，即標準屬性（criterial attribute）。[29] 任何思維體系都具有某種程度上的抽象性，但是日本人的思維趨向於強調複雜的感知特性並避免包羅萬象的統一性原則，美國人的思維則力求達到那個標準屬性。

提早排除障礙

美國人分析一個實際情況的典型方法，是把焦點放在那些可能阻礙實踐目標的障礙上，並預先考慮排除、化解它們的辦法。於是，他們以一種務實的態度去評估這些尚未確定的、負面性的事件，這就是所謂的「否定推論」（negative reasoning）。在美國文化的脈絡中，我們將這種思維方法稱之為「負面邏輯」（null logic）。美國人很在乎憑藉當下的行動來避免未來的失敗，就是這種思維傾向的結果。在實際生活當中，我們很容易看到負面邏輯。在技術領域，它要求人們採取未雨綢繆的對策，例如，飛機的某些零件在飛夠了預定的時數之後，即使零件都還完好，也都非更換不可。在衛生領域，人們在感染小兒痲痺之前就應該接種疫苗。在教育方面，孩子們在開始上學和碰到障礙之前就應該接受提前的閱讀訓練。在工業領域，透過對可能導致意外事故的因素的詳細分析與排除，以確保大家的安全。安全計畫的設計主要是為了避免可能引發變故的危險行為。美國的孩子從小就得學習如何避免會使他們陷入困境，並且找出能夠化解障礙的方法。美國實用思維的一大特色在於如何化險為夷、達成目標。因此，孩子們的目標經常不是追求卓越，而是避免失敗或得到低分。美國人會不斷思考為了成功要如何避開不利因素。這是他們分析問題時主要的焦點。

美國人的負面邏輯似乎是比較常見的西方式否定推論模式的一種變形體。廣義的否定推論包含了這樣的觀念：任何一個命題在被證明是正確的之前，都必須被視為無效的。美國否定推論的變異具有以下特色：一、決策過程中重視對後果的預測。二、和行動的密切關係。三、假設了一定會有人出面以行動解決問題。四、相信艱苦努力一定會成功的樂觀主義，這平衡了否定推論中的悲觀本質。有趣的是，這種美國式的否定推論若放在歐洲只會被人鄙視，因為歐洲人偏好的是理論和邏輯，而不具備典型美式的「實做精神」（get things done）。因而，同比利時人或法國人一起工作的美國人會認為他們的同伴過於世故、犬儒，歐洲人則認為美國人的處世態度太過天真可笑。

中村元描述了另外一種和美國的負面邏輯截然不同的印度式思維方式。印度人表現出一種對否定表達的熱愛，喜歡用它們不是什麼來界定物體。「非一」表示「許多」或「無」。瑜伽弟子遵奉的五項道德信條：不打鬥、誠實、不偷竊、貞潔、不貪婪，其中三項的梵文帶有英文中「不」的字首，是以否定的形式表示的。[30]相比之下，歐洲人和美國人喜歡使用肯定式的表達來描述物體或美德。我們可以這樣說，在西方的科學、技術，和行為當中，我們也可以找到這種印度式的否定觀點以否定推論的形式出現。美國的貢獻在於以負面邏輯的方法賦予否定推論某種實踐性。因此，在日常生活中，美國人不能總是期望他們在經濟、教育，甚至衛生方面的做法贏得他國人民的熱烈讚揚。在許多非西方文化中，負面邏輯並非一個有吸引力的號召。相反的，人們往往通過直覺，以及對實際狀況的詳盡描述才能產生進一步的行動。

無所不在的行動主體

正如我們所看到的那樣，美國人一般認為人類的活動是一個個等待人去主動尋找解決方案的難題。這種看待困難的方式揭示了美國文化的精髓所在：重視實際行動，以及行動主體的個人觀點。我們把這種思維稱為「潛在主體」（implied agent），並認為它是一種心理傾向，像一個行為者或觀察者在現場主導著資訊的收集、處理，與呈現。在下面的例子中，潛在主體是一位摩托車騎士正在設法找尋去機場的路。

> 美國城市中交通號誌之設計都假設駕駛到達某處需要得到路標的指引。例如，在首都華盛頓，駕駛在距離目的地數英里之前便可得到路標的指引，擇道而行。引導方向的路標往往是兩個或更多個放置在一起，駕駛必須在它們之間做出抉擇，然後，路標會告知駕駛他們的選擇正確無誤。指向機場的路標十分明瞭，但在日本城市，路標設置的邏輯卻不太一樣。在東京，駕駛在通向國際機場的路上會發現，機場的路標出現時車子已經駛過了最後的岔路口，前方唯一的目的地只能是機場。

在這個案例中，美國的路標旨在協助駕駛在每一個路口做出正確判斷，而日本的路標旨在向駕駛確保他們已經做出了正確判斷。甚至連臨時路障的號誌設置，如修路告示，也都反映了同樣的情況。美國的交通號誌的設置，原則上要遠在駕駛不得不選擇另一條路繞道而行之前。但在厄瓜多爾、日本以及其他地方，此類交通號誌大體上設置在修路現場，且只說明路況而已。駕駛看見路標的時候，往往已經失去了最後的繞道機會，不得不小心翼翼地向前移動，或者停下來掉轉車頭，折回原路。

儘管上述「指引」和「描述」的原則存在許多例外情況，但這兩項原則在美國和日本還是很典型。美國人收集和傳達資訊的模式的出發點在於指導行為，而這正是潛在主體概念的核心。它所傳達的資訊較為具體，以行動為指向，形式較隨意，但實用性強。美式思維假設，在自我與某一具體環境之外，還有一個能夠觀察情勢並做出反應的行動主體。這和日本人及其他國家的人的感知思維相當不同，在他們的概念裡，自我總是處在知覺發生時的當下。

潛在主體的概念為我們提供了一個解釋為什麼美國人特別重視因果關係的理由。美國人不像中國人或許多其他非西方人，對「理所當然」或「順其自然」這些概念感到很陌生，也不太能接受。美國人認為，事情絕不會自然地出現或者發生，它們需要一個引發事件的原因或主體。美國人對「理所當然」這樣的說法不會滿意，他們要確定誰應對此負責——是誰做的？是誰引發的？俚語「見煙必有火」（"Where there is smoke, there is fire."）意思是說每一後果或事件都有一個起因。英文的結構也反映了美國人（及英國人）思維中重視因果關係的特質。例如，在英文文法中，沒有主體則不能表達如下雨這樣的自然現象，其他的日爾曼語容許「下雨」（is raining）這樣的陳述，但講英文的人則必須發明一個累贅的主詞「它」（it），才能表達「下雨」（"It is raining."）。在這句英文裡，它就是下雨的主體。

潛在主體的概念深入美國人生活的每個角落。例如，美國管理策略的重心似乎是在回答「為什麼」的問題：為什麼某個人會那樣做？為什麼某一目標切實可行？為什麼某一計劃不能順利進行（誰應對此負責）？在東京的一家跨國公司所做的一項非正式的研究中，西方管理人員被要求列出他們與日本同事相處的困難。結果，每張表上都填了一個相同的內容，即日本同事不回答「為什麼」的問題。以下的兩個事例將對這個現象做進一步的說明。

案例一

從美國運往日本的材料一般抵達大阪港口，並在一兩天內迅速通過海關。但有一次，貨物從橫濱港進關，這批貨過關的時間超過了三天。美國經理叫他的日本助手去橫濱港瞭解為什麼花費這樣長的時間。日本助手去了橫濱，帶回來許多關於海關如何處理貨物的報告。美國經理對那些報告不滿意，便又讓日本助手再去一次橫濱。

儘管這一次的延誤沒造成大礙，但總部要求瞭解延誤的原因，美國經理告誡他的助手不能再發生這種情況。日本助手於是又去了一次橫濱，當他從那兒回來時，美國經理收到了大量有關該批貨物通過海關時的驗關資料，其中包括所填單據的詳細情況、報關經紀人的姓名、以及貨物通過每一項海關手續的時間表——但仍然沒有解釋為什麼拖延那麼久。

後來，美國經理終於開始明白他遇到了他所難以理解的事。他知道他的日本助手的工作熱情與能力是無庸置疑的，於是，他不再向他多說什麼。最後，美國經理得出結論，貨物在橫濱港的延誤並不存在什麼真正的原因，只不過因為橫濱港的海關官員對公司的貨運情況不熟悉，所以，他們一絲不苟地按照海關手續進行檢查。而大阪的報關經紀人對該公司的定期性貨運情況十分熟悉，並且認識該公司的工作人員，因此，貨物過關的速度就很快。

案例二

一位美國經理準備在一家賓館迎接從美國飛來日本的公司副總裁，他提前大約二十分鐘到達賓館，他在前台查詢時驚慌地發現他替上司預訂的房間被換到了另一家賓館。他對未經他同意任意改變訂房的做法十分惱火，但沒有立刻詢問其中的原因，而是火速趕到改換的那家賓館去接待他的副總。雖然那個賓館與第一家並無差別，但隨意變換顧客訂房的做法也太草率。後來，為了得知換房的原因，他讓他的日本助手去瞭解情況，但查詢工作很快就陷入了關於訂房手續的煩瑣解釋之中。美國經理最後認識到，他的問題將不會得到什麼答覆。事實也的確如此。

這兩個事例證明美國人喜歡尋找「為什麼」的答案，日本人喜歡尋找「是什麼」的答案。從日本人的觀點看，一個人應該已經知道「為什麼」的原因，向別人詢問「為什麼」是不成熟的表現。美國人的觀點則正好相反，他們覺得「是什麼」是明擺著的事實，一個成熟的人應該探求表面事實之下的「為什麼」——他應該探究其主體。歸根究底來看，美國人喜歡以線性因果關係的形式看待一切事物，理想的狀態是每一件事都可以找到一個原因，一個接著一個整齊地排列下去。日本人對資訊的處理，相對而言，則傾向獲取越多的細節越好，而不強調邏輯性或線性的關聯。與美國人的直線性、操作性的思維方式相比，這種對大量周密細節的追求或許反映出日式思維是輪迴式的。

看似冷漠的分析性思維

如上所述，美國人是藉由找出一個可以解釋未來變化的單一因素，來預測未來的問題能否順利解決。抽象思維、負面邏輯、和因果性的潛在主體都在這個過程中發揮重要作用，但它同時也需要「分析」（analysis）。分析意味著將事物和概念切割成更小的單位，使它們可以在因果鏈上相連接，並能按照普遍的標準進行分類。這種思維與另一種較為統合性的思維途徑截然不同，後者有時被稱作「整體性」（holistic）或者「綜合性」（synthetic）。同美式思維相比，日本、中國及巴西等許多其他文化顯得擅長綜合，而拙於分析。

對許多人來說，分析型傾向的美式思維似乎顯得冷漠和不近人情。六〇年代的美國青年運動的主張之一，就是要拋棄分析性的思維，恢復看上去更合乎人性的綜合法。然而，當我們認識到分析性思維是通過解決問題和潛在主體來運作的，我們就會發現它其實沒那麼冷漠。在原先操作主義式分析產生的冷酷世界之中，這兩個因素加入了人的主觀性與意志。在美國文化中，思維基本上排除了情感因素，但人的主觀性卻是在場的。它常常喬裝打扮以潛在主體這樣的形式出現。

分析大量的資料，並從中發現隱藏於現象背後的原則，這被稱為歸納法。在西方科學中，歸納式思維的特色在於它是以經驗觀察為依據的一套思想模式和假說。與傳統的科學思維相比，日常的美國式歸納思維略有不同，它較具操作主義特色，強調影響和結果，但對這世界究竟是什麼樣子不那麼感興趣。對美國文化來說，最為重要的是個人對經驗世界的影響力。同美國人的務實風格相比，歐洲人更看重思想和理論，並將它們視為一種真實的存在。至於他們那更為抽象的演繹法思維方式側重的是觀念世界（conceptual world）和象徵思維（symbolic thinking）。推崇演繹法的思想家不太相信眼睛看到、耳朵聽到的，他們更加相信理論。一般情況下，他們認為只需要找出一至二個能夠證明他們的概念在經驗世界之有效性的案例就足夠了。他們不像美國人那樣，非得收集大量的事實和統計數字不可。歐洲人喜歡運用邏輯方法從一個概念推論出另一個概念，或者從概念出發推論出事實。他們信賴的是思想的力量。而美國人信賴的是經驗性的觀察和測量。

美式思維主導下的社會科學領域染有濃厚的經驗主義色彩，即便是在其他的學科，也比歐洲國家更重視經驗方法。歐洲國家的科學研究常常被看作是對其他的科學家和哲學家的整體性理論的證實和修正，而不是以創新為目的。演繹型思想家習慣把思想看作是真實世界中一個有機的、有生命的部分。他們把一個新的思想看成一場「啟示」或者一個「發現」，然而，愛好歸納法的美國思想家更易於認為他們「建構」或「創造」了一種概念，只是需要具體的範例來進一步說明。美國社會學家唐·馬丁代爾（Don Martindale）對德國社會學家圖尼斯「在一個有機的世界，概念本身就是活生生的現實」這番話所作的評論，或許可以說明這種思維風格上的差異。馬丁代爾指出：「這麼說來，『人的概念』也能和『真實的人』一樣，早晨起床、穿褲子、刮鬍子，做好其他一切準備，迎接忙碌的一天啦。」[31]

這些關於美國和歐洲思維風格的觀察，顯示出文化偏好的差異可能會導致不同文化之間的誤解。以上的粗略比較可以大略說明，美、歐各有其特色。事實上，還有風格迥異的第三種思維路線，即「關係性思維」（relational thinking）。這種思維對人的背景、關係和身分高度敏感，它存在於那些社會秩序接近禮俗社會模式的文化之中。與此相反，分析性思維一般則在類似法理社會模式的社會中比較流行。我們可以在許多國家，或是美國的一些次文化中觀察到這種思維方式。

羅莎利·科恩（Rosalie Cohen）在一項有關「思想類型」（conceptual styles）的重要研究中發現，美國低收入家庭的孩子具有非西方社會中常見的那種關係性思維模式的傾向。科恩將「思想類型」界定為「負責篩選和組織感官資料的一套規則」，並且提出思想類型「沒有具體實質的內容，並與人的天賦能力無關」。[32]在每一種思想類型裡，某些觀念和關係在邏輯上是成立的，某些則不可能成立。她發現在美國主要存在兩種類型：一種是我們已經討論過的，即美國主流的分析性思想，另一種是較具體且對整體的社會脈絡較為敏感的關係性思維。

科恩最重要的貢獻是她主張不同的思想類型起源於不同的家庭和友誼結構。習慣於關係性思維模式的人通常處於特定的社會環境之中，當地文化不像習於分析性思維的社會那樣強調人與人之間的平等，社會角色的劃分也不明確。分析性思維文化群體的組成形式較為正式，在這種群體裡，權利、責任及身分的劃分井然有序，個人對離開群體以及「拒絕做任何其工作職責限定之外的事」具有較大的選擇自由。[33]這種思想類型與美國中產階級的情況十分吻合。

善於關係性思維的人則與其所在的群體有更緊密的連結。他們被期望對群體有強烈的認同感，但他們所認同的並不是他們在該群體中所應履行的職責，而是整個群體。他們須時時刻刻準備好接受群體的指派。與分析性思維者構成的群體相比，在這個群體裡面包含領導在內的所有職責，大多由所有成員共同分擔。

思維風格上的偏重與跨文化差異研究所發掘的某些觀點相互對應。關於思想類型和社會組織之間的關聯的討論就很有意義，但其中最為重要的是科恩對她的研究所做的結論。她認為，美國的教育和社會機構特別適合分析性思想的發揮。美國學校裡的社團組織、課程設計、教學方法、及規章制度都不利於關聯性的思想類型。在大學裡，這對許多外國和美國學生是個障礙。抱怨學生缺乏分析能力的美國老師，很可能是碰到了科恩在低收入家庭孩子中研究發現的那種關係性的思想類型。

分析性和關係性思維方式之間最主要的分野是如何對待主觀性（subjectivity）的問題。分析性思維把主觀經驗與著重客觀世界的歸納過程區別開來。關係性的思想類型則非常依賴經驗，不會劃分經驗的主體，與外在的客觀事實、數字或概念。老師常會發現具有關係性思維傾向的學生分不清什麼是客觀的觀念、什麼是從觀察或經驗中獲取的主觀印象。這些學生在他們的寫作和思維中往往把個人體驗、經驗的事實，以及從權威者那兒得來的觀點混為一談。他們無法明確地區別主觀和客觀，而這一點正是著重分析性的大學教育的基本要求。

與美國的分析性思維相反，中國人具有濃厚的關係性思維傾向。正因為如此，從西方人的角度看，中國人的思考邏輯含糊不清。中國人分析問題時並不把它劃分成一個個的小單位，他們的思維主要仰賴經過判斷、評估過後的具體的概念。[34]這種思維雖缺乏精確的分析力和抽象的分類能力，但它善於呈現栩栩如生的形象、喚醒情感、以及激發行動的熱情。中國人力求在真實的事件或物體，和象徵它們的標誌或符號之間達到統一，因此，一句說出來的話往往會被嚴肅看待，並要求有所行動。[35]一個事件可以通過援引同時發生的另一個事件來解釋，儘管從西方人的角度來看這兩件事全無關聯。這種在兩個不同事件之間的思想跳躍正是中國思維模式中特有的「置換法」（displacement），這一般被稱作為「連帶邏輯」（correlational logic）。[36]相比之下，西方思維則會從抽象的概念與原則的角度來看待某特定事物。

在禮俗社會中，社會影響力對形塑關係性的思想類型非常重要。特別是從獲得知識的過程裡，我們可以看出社會影響力扮演著多大的角色。即使是那些主要由個人感覺印象構成的知識，本質上也帶有社會性。知識和認同一樣，都是在人們的社會化的過程獲得的。我們忍不住提出這樣一個問題：在人們推崇這些社會價值的同時，知識的學習是怎樣發生的呢？一個能夠同時適用於分析性和關聯性兩種思維方式的答案是，學習要求一個可供模仿的榜樣，學習者以那個榜樣為標竿，努力追求改善自己的表現與成績。這種學習方式需要在學生和教師之間建立一種緊密而明確的關係，教師充當「師傅」的角色，學習者則要謙卑地服從教師，這就是典型的學徒制。學習者不僅學到了技術和知識，而且養成了對師傅的恭敬，從而鞏固了社會上既有的權威。模仿是世界上相當普遍的學習方法，但在許多社會中，模仿是最主要的學習形式。在中國的武術和日本的茶道這樣的傳統技藝中，模仿尤其重要。

根據上面所述，我們清楚地看到，各種文化都有其各自不同的思維風格，有時這種差異還相當大。抽象性、分析性和實務性的美國式思維，有別於重視理論和有機概念的歐洲作風。但整體來看，西方人的思維方式又和日本人和中國人的關係性思維大相逕庭，他們更喜歡用類比、隱喻或明喻的方式從事思考。我們舉的例子當中的許多關於東西方之間的差異，都可從各自的語言中看得更清楚。正如我們所見，語言是對圖像、概念以及思維模式的編碼，而這都是認知過程的一部分。在下一章裡，我們將討論美國文化中語言、思維方式、和行為之間的關係。

第三章

語言和非語言行為

如果我們把語言單純地看作只是一套溝通工具，亦即一組詞彙，可以用來與其他語言中的詞彙交換並承載相同的意義，那我們的翻譯工作者就會淪為「流利的傻瓜」，只懂按字面意義直譯而對原文所隱含的文化背景一無所知。語言的確是一個溝通工具，但除此之外，它還是知覺和思維的表達系統。語言的溝通和表達功能是相輔相成的。為便於進行文化差異的分析，我們將它們分割開來，集中討論其表達的功能。這個功能為我們提供了「言語範疇」（verbal categories），它的作用是將概念與客觀事物劃分開來，並定義了不同文化中的語言的角色。

找個翻譯就好？

和其他人一樣，美國人也知道不同語言之間的微妙差異是跨文化情境中必須面對的一個問題。但由於大多數美國人只講一種語言，他們通常採取的做法是找會講英文的人做翻譯，一旦物色到合適人選，美國人便相信語言的問題得到了解決。他們認為只要靠正確的詞彙就能精準地傳達意義，往往忽略語言在溝通中所扮演的更加細微的角色。按照這種觀點，一旦對方接收到訊息，詞彙便會完整無缺地將它們的內涵傳遞出去。[1] 如果訊息遭到誤解，若非聽話的人聽錯，便是講話的人講錯。按照美國人的觀點，出現訊息誤傳，雙方都有責任。

在西方思想史上，有關詞彙與其意義緊密相連的說法源遠流長，至少可以追溯到亞里斯多德那裡。

按照這個觀點，詞彙僅僅是一套工具，或是被隨意挑選出來的符號，用來表達所有人、或至少是所有受過教育的人都相信的價值與理論。因而，世界之真相以及關於這個真相的思辨無論在本質上還是實踐上都被認為具有普世性，所以不受語言的影響。所有的人都應當看到同樣的真理。這個假設已經被世世代代的學者接受了。[2]

大部分講英文的美國人在日常生活中都奉行這個原則。語言被看成一個工具，很少或者根本沒有考慮過語言怎樣反過來影響著人的思考。

沃爾夫假說

班傑明．沃爾夫（Benjamin Whorf）有一段經常被引用的話，它說明了語言是如何表達經驗的：

> 我們依據我們的母語所定下的原則來理解自然。我們之所以在現象世界找不到我們從中抽離出來的那些範疇和類型是因為對於每個觀察者來說它們都是不見自明的事實；與此相反，我們腦海中對於真實世界的印象就像是一個萬花筒一般，隨時以千變萬化著的形式呈現出來，必須透過我們大腦的組織與安排才有意義——而這工作主要是靠我們心中的語言系統來完成。[3]

這就是一般所謂的「沃爾夫假說」（Whorf hypothesis），亦即語言大致上決定了我們如何理解這個世界。這個觀點也被稱之為「強勢假說」。然而，沃爾夫有關語言對思維產生影響的觀點幾經變化。在他的其他著作中，他又主張語言、思維及知覺相互關聯，這一立場被人稱作「弱勢假說」。

當某一語言（如英文）所表達的一段話，被傳達到一個以英文為其外語的人（如印尼人）那裡時，那段話能否保持它所預期的原義是沃爾夫假說對跨文化交流者提出的一個實際問題。沃爾夫的假說在訊息處於尚未發送之前的翻譯階段顯得尤為重要。根據其強勢假說，由於第二種語言，即翻譯的目的語，不僅限制也傳導了知覺和思維的內在過程，因此譯文所傳達的含義應與原文不同。但在他的弱勢假說中，沃爾夫又認為第二種語言經過調整後能夠表達與原文相同的意義。總之，沃爾夫假說提出的問題對於談判、外交、以及人們的日常溝通具有重大的實用價值，我們只有深入研究溝通發生的詳細情境，以及溝通者的察覺力之後，才能對它做出令人滿意的解釋。

差不多每一位身涉跨文化交流的人，都有一籮筐關於自己的話被人誤解的笑話。在我們分析這些交流互動的誤解之前，希望讀者應當牢記一點，即沒有人能夠完全的精通一門語言，即便是自己的母語，更不用說別的語言。溝通時由於受當時的條件所限，且通常要求溝通者立即做出反應，迫使他們依賴自己習慣的語言和熟悉的思想，而不可能找出能使對方明白易懂的表達方式。此外，大部分的人都缺乏以一種不受某一語言干擾的方式來溝通的能力。無論講話的人還是聽話的人，都會仰賴自己熟悉的形式。即使我們姑且不論翻譯時究竟有沒有辦法百分之百保留原意，與外國人溝通時對語言能力的嚴格要求，也迫使溝通者無法好整以暇地構思他們想表達的意思。人們對一段話所包含的意義的解讀，主要來自於參考他所處的文化脈絡，而不只是根據字典對每一個字下的定義而已。

讓我們回到關於顏色的實驗，再次以藍和綠為例說明語言是如何創造文化脈絡的。最近，有人使用藍和綠的色彩對比來測定顏色詞彙對知覺的影響。[4]被測試者有講英文的人，他們慣於使用綠和藍這兩個單字，也有講塔拉烏馬拉語（Tarahumara）的人，那是墨西哥北部的一種猶托阿茲特克語（Uto-Aztecan）。這些墨西哥少數民族與前面提到的特魯克人一樣，只用一個詞表示英文中的綠和藍。該實驗要求實驗參加者分辨從藍到綠漸次排列的色紙。當講英文的人被容許使用顏色的名稱（即研究人員所說的「名稱對策」）進行判斷時，他們對顏色的辨別能力比講塔拉烏馬拉語的人要精細得多。但當研究人員給他們出示介於藍綠之間的色紙，並說它們既是綠色也是藍色，從而導致他們難以使用顏色詞彙時，講塔拉烏馬拉語的人與講英文的人的感知能力便毫無二致。研究人員得出如下結論：當受試者能夠使用名稱對策，即綠和藍時，他們的顏色辨別力就有所增加。但語言並未直接改變原始的感覺刺激，語言僅僅影響他們對感覺刺激的認識和表達。研究者還下了這樣的結論：

受試者似乎是在完全無意識的狀態下使用了名稱對策，因為某些比較機警的受試者即使在使用了名稱對策之後，仍然會說被測試的顏色「看上去不大一樣」。[5]

這個對於察覺力的發現非常重要，它解釋了美國人何以在漠視沃爾夫假說效應的同時又能夠對語言如此倚重。設若我們沒有察覺到我們是靠語言來辨識和表達感官資訊的話，那麼我們可能會誤以為存在一個對所有人來說都一樣的客觀現實。但根據已有的證據，我們可以得出相反的結論：語言創造了一個主宰知覺的架構。[6]

語言與觀察敏銳度

某些美國人很驚訝不同的語言中對物體的計數和空間的類別竟有各種不同的表達方式。美式英文只有一種計數法（one, two, three, …），而日語和特魯克語都存在許多不同的計數系統。這些系統在某種程度上是對客體的具體形狀進行分類。例如，在特魯克語中，一個長形物體的計數法不同於一個短或圓形的物體。我們可以想像，在語言給予形狀細微區別的文化中，人們對外在事物的觀察比較敏銳。譬如，美國人的英文缺乏表達物體形狀和知覺性思維的結構，或許因此，日本人的審美鑒賞力就確實要比美國人發達。另外，日語和特魯克語都使用一套專門計算人的數量的詞彙，它們與計物的詞彙不同。在西方文化中，為了追求「客觀」，即使是人文社會科學也會把人的行為予以量化。我們可以合理推測，在那些計數系統更加細緻的文化中，這種情形不太會發生。

美式英文中物體可以在「這兒」（here）或「那兒」（there），若再遠點還可用「在那邊」（over there）的口語化的表達方式。在特魯克語中無論指人或指物都必須附帶上一個「位置標誌」（location marker），它的作用是說明所指的人或物、說話者、和聽話者三方之間的相關位置。例如，一枝筆必須被稱作 ei piin, ena piin（靠近你，但遠離我），enan piin（遠離你，但我能看得見），或者 ewe piin（不在你我的視野之內）。由此，我們可以假定特魯克人對空間的觀察比美國人敏銳得多。英文中沒有那麼多的空間界線標誌，所以，對美國人來說空間是一個比較抽象的概念。

語言與社會關係

現有的實驗證明，人們在社會關係領域的感知能力的確受沃爾夫效應的影響。人們對社會事件、人際關係、社會角色，甚至對他們自己行為的認識都非常明顯地受到不同語言的概念結構的影響。[7]

關於這一點，最簡單明瞭並且眾所周知的例子也許要數語言中有關「身分標誌」（status marker）的差別。泰語，日語以及其他一些亞洲語言擁有複雜細緻的第二人稱單數（你）的詞彙系統，以表示說話人與聽話人之間的身分關係。在泰語中，第一人稱單數也有多變的形式以凸顯相互間的地位。因此，為了描述「我」與「你」在講話這件事，可能必須要到各自反映不同身分地位的「我」與「你」。當某一文化的語言要求每一個稱謂都須表明相互間的身分高低，身分肯定就會受到人們格外的重視。由於英文僅僅具有一種第二人稱的形式，所以美國社會對身分的差異則沒有這麼敏感。大多數的歐洲語言具有兩種你的形式，用以表示說話人的階級與親暱程度。歐洲文化代表了介於亞洲和美國文化之間的中間地位。歐洲人對身分顯然比美國人更在意，但仍遠遜於亞洲人。

親屬稱謂在某些文化中也被用來界定社會關係和表示身分。親屬稱謂甚至比身分標誌更複雜。美國人在閱讀十九世紀俄國小說時，如杜斯妥也夫斯基和托爾斯泰的作品，總是搞不清楚人物之間的親屬關係，因此難以理解他們的行為動機。十九世紀的俄國的親屬關係網極其錯綜複雜，稱謂約達三百多種。在俄國的家庭中：

> 家族中所有的成員都是親戚，儘管他們並不存在血緣或婚姻的聯繫。他們在一起吃飯，分擔家裡的工作——並使用非常精確的親屬稱謂確定相互之間的關係。[8]

由於英文缺乏如此眾多的親屬稱謂，所以當俄國小說被翻譯成英文時，原著中的那些親屬關係很難一一得到澄清。除此之外，當今英文世界的人所處的社會形態也與上個世紀的俄國有天壤之別。英譯小說無法完整呈現某些關鍵俄語詞彙中的社會意義，這便迫使美國讀者不得不用美國的社會和文化脈絡解釋俄國文化的社會脈絡。這一缺憾導致美國讀者難以理解書中人物的行為和動機，有時甚至竟連小說的情節都搞不清楚。[9]

句型結構與思維模式

以上我們運用語義學的範例說明語言對思維的影響。為了完整理解沃爾夫效應，我們再簡略地討論一下語言結構或句型對思維所起的作用。語言學上的兩大面向，動詞的時態形式以及主詞與謂詞之結構也為我們提供了文化如何影響思維的證據。

特魯克語沒有複雜的未來式，令特魯克人更感興趣的似乎是當下的生活，而不是籌畫未來。例如，對將要進行的活動，如開會或乘船出海等，即便定了計畫也經常會變卦。把一個民族對當下的重視歸因為他們的語言缺乏未來式，聽起來太過誇大其詞，但針對語言中也缺乏未來式的霍皮人（Hopis），沃爾夫確實下過同樣的論斷。[10]當霍皮人想要表達未來會發生什麼事的時候，他們只會說自己在未來有這個意圖，且與特魯克人類似，霍皮人的行為也僅著重於當下。美國人使用的英文具備完備的未來時態，並且把焦點都放在即將發生的未來。他們注重計畫的制訂，並在思考問題時會先想好未來的局勢變化。

格蘭．費希爾（Glen Fisher）做的一個大膽分析對我們瞭解英文的結構性質很有啟發。[11]他主張美國人對客觀性描述以及行動導向的偏好，可以從英文的兩大結構性特徵中找到解釋原因，至少兩者的同時出現很耐人尋味。第一個特徵是英文的主詞—謂詞結構，它預先限定了說話人採取了一個固定的模式來理解句子中的主詞與其性質或屬性之間的關係。英文的這種結構往往會暗示湖水是藍色的，即便事實上湖水在陰霾的天幕下呈現灰色，在夕陽下呈現紅色，而當岸邊的青草倒映在水裡時，湖就變成綠色的。英文的這種主—謂結構會誘導它的使用者在表達他們的經驗的時候採用二元的方式，非「是」即「非」，沒有其他可能。費希爾對這一推斷表示了間接的支持，他寫道：

那些不是非黑即白的模糊狀況通常得花掉人們更多的時間去描述。這是現代科學家在使用英文討論分子的運動或相對論時所面臨的一個問題。[12]

中文和英文一樣也有主謂賓的順序，但是中文避免了英文的「是—不是」的二元對立。對於英文中黑與白這種對立的關係，中文多採用一種相互融合的方式來表現。英文中男人和女人屬於兩極對立，但中文為二者提供了一種交互關係。從美國人的觀點來看，中國的男人有時顯得很女性化，而中國的女人有時則很男性化。中文強調的是中庸之道，相當於英文裡介於兩極之間的中間地帶。中國人的思維不會用任何極端的詞彙來描述事物。相反的，中國人更關注的往往是介乎其間的連續性。[13]例如，英文中情感的表述呈現兩極對立的傾向（如，愛與恨），但在中文裡情感往往通過運用一對表示平穩情感的互補詞彙來表達的，如敬與禮，權與責，以及樂與哀等等。在中文中我們很少看到極端詞彙的對立。

同英文的二元數位型特徵相比，中文似乎是按照一個類比型系統運作的。正因為如此，英文表現感情和情緒的層次比較貧瘠，但在表述科學性的機械和科技事物時則十分有效。由於這種抽象性，英文常把觀點或意見當作事實來陳述，如「泰德．威廉斯是美國棒球聯盟中最好的球員。」有時英文還會用看似客觀的用語來表達主觀觀點，以至於模糊了其主觀性，譬如「我們發現有必要增派部隊以平息動亂」。言過其實、說大話可能會被抓到破綻或謬誤，但卻能激發思考與創意，最終推動學術研究。[14]

英文的主—謂結構也迫使講英文的人不斷地說明事物的因果關係。當句子中只有謂詞而沒有主詞，英文的結構便要求講話的人得假定一個主詞。如第二章所示，「它」（it）常常替代句子裡所缺的主詞，如「『它』發生在一個夜晚……」。這裡面的含義就是：事情不會自動發生（但在義大利語中這樣就行得通），在其背後必然存在一個主體（它）。在「下雨了」這個句子中，「它」可能成為一個潛在主體。我們可以從英文新聞的玩笑話中看到同樣的現象：「今天天氣將會怎樣對待我們呢？」（How's the weather going to treat us today?）費希爾對此這樣評論道：

> 從行動與事件的角度來看，英文採取的是一種「行動者—行動—結果」的模式，這裡面蘊含了它對這個宇宙以及其變化的認識。「行動者—行動—結果」的模式非常有益於進行技術、商業、以及大部分科學研究的概念化描述。它總是提出這樣的問題「它的起因是什麼？」或者「這將對最終的結果產生什麼樣的影響？」。[15]

前面在提到英文句型中的潛在主體時，我們已經討論了英文的行動導向以及它對因果關係的強調。我們可以斷定美國人熱愛以線性因果鏈看問題的習性，是由其獨特的思想、價值以及英文習慣決定的。

語言與價值的二分法

英文中二元對立的存在影響了美國人如何處理與他人的關係。尤為明顯的是，由於語言的限制，講英文的人在提問時不得不使用相對立的兩個詞的其中之一。所以，美國人通常在問句和陳述句中表達了他們的價值判斷，而且他們感到提出批評比較容易，而提出建設性的建議或保持中立態度則較為困難。美式思維的這些特性在英文的修飾（形容詞）結構中顯得很清楚。將英文與葡萄牙文做個比較即可一目了然。

如下表所列，英文中的許多形容詞都自然而然地成雙成對：

far 遠—near 近
heavy 重—light 輕
high 高—low 低
good 好—bad 壞
wide 寬—narrow 窄
old 老—young 少
long 長—short 短

在以英文為母語的人聽來，「遠近」、「高低」，「長短」等形容詞好像原本就是一對相輔相成的片語。形容詞的這種形式展示了英文的二分法傾向。

乍看之下，英文形容詞中相對應的兩個詞雖意義相反，但它們在描述能力上應當具有相當的地位。然而，在實際運用中情況並非如此。我們可從形容詞被用在問句的例子中，如「離窗戶有多遠？」和「到蒙特婁有多遠？」觀察到這一現象。英文中所有類似的問句都用「遠」這個字，它可以用來描述遠與近之間所有的地點。因此作為遠和近對立詞之一的遠成了距離面向的主詞。例如遠表達的是被一段距離分隔開來的意思，近（或旁邊）則更多被用來表示具體的空間關係。例如詢問椅子離窗戶多近便意味著椅子已經在窗戶旁邊。我們可以在「她多大／老了？」的問句中看到同樣的情況。問別人多大／老（old）一般意味著對於對方的年齡只有很模糊的概念，而如果問「她很年輕嗎？」（How young is she?）就表示說話者對被問及人的年齡已經有具體的看法了。

正如我們在前文有關英文和中文的對比中所看到的那樣，英文要求一個連續範圍應由它的兩個極端來呈現，而不是由位於兩個極端中間的概念來呈現。在英文的形容詞組裡面，我們看到其中一個極端便可以代表整個連續範圍。美式思維由此被迫出現這樣的特徵：一方面堅持二分法，另一方面又選用某一極端作為問句的主詞。

下面所列的葡萄牙語形容詞與上表的詞義相等，也同樣可用對應式的片語表現：

然而，對講葡語的人來說，這些片語聽上去並不像講英文的人耳中的「遠近」、「高低」、以及「長短」那樣具有自然的節奏。葡萄牙語的形容詞通常不能像英文那樣自然配對組合，但卻可以用遠近（distante e perto）、高低（alto e baixo），以及長短（comprido e curto）等等具有實質與邏輯關係的組合來替代。葡語的形容詞組看上去比較對稱，但它表達的是各自的原始意義而非同一連續範圍的兩個極端。在這個意義上，它們同英文的「近」（near）的意義結構很接近，表示的是空間中某一具體的關係，而非「遠」所意味的抽象的空間特性。

distante 遠—perto 近
pesado 重—leve 輕
alto 高—baixo 低
bom 好—mau 壞
largo 寬—estreito 窄
velho 老—jovem 少
comprido 長—curto 短

葡語的問句形式也可反映其形容詞缺少的兩極化特色。英文的「離……有多遠？」（How far is it to...?）在葡語中變成了「到……的距離是多少？」這種問句在葡語中聽上去很自然，但在英文中就顯得很繞口，儘管文法上它並沒有錯。葡語的問句只是詢問某物在空間中的位置。與此相反，英文的問句表達了空間的分隔，並強調遠與近的截然對立性。葡語著重的是主詞與兩個一組的形容詞的關係，從這個角度來看，葡語和中文一樣把光譜的兩極看成是相輔相成的，並重視介乎其間的中間地帶。

英文形容詞組的二元對立性也隱含著另外一層意義，它在問句中「壞」與「好」的使用上看得最清楚。倘若我們在餐廳裡問服務生「這裡的菜好吃嗎？」（How good is the food here?）我們可以期望得到一個直接了當的回答。是好，是壞，取決於飯菜的品質，也取決於被問者的情緒，或他對餐廳的忠誠程度。但假如我們反過來問他，「這兒的菜差嗎？」（How bad is the food here?）我們實際上已經藉由這個問句做了主觀判斷，表達了我們對餐廳食物的負評。

以上關於「好—壞」的範例說明好是籠統的，而壞則是確切的，它僅指真正的壞。正面為好、負面為壞，就是這兩個形容詞的含義。細究之下，幾乎所有的英文形容詞組都有同樣的特徵：上面表格中左邊的是肯定詞，右邊的是否定詞。如果我們把這些形容詞拿來形容一個人，該特徵則顯露無遺。例如，假設我們想要表揚一位對公司財務狀況瞭若指掌的財務主管，我們不會形容他「目光短淺」（short-sighted），只能說是「目光遠大」（far-sighted）。當其他的反義詞組被用在人身上時，我們也會得出同樣的結論：「崇高」（high）的品行與「低劣」（low）的品行，「廣泛」（wide）的興趣與「狹窄」（narrow）的興趣。有時，否定性的描述很有畫面。在一項金融交易中失利的人被說成處於「劣勢」（on the short end of the deal），膚淺的行為是「輕薄」（light-weighted）的表現。但另一方面，「心情輕鬆」（light-hearted）要比「心情沉重」（heavy-hearted）更具肯定意味。不過，在美國文化中「老」往往是一個帶有否定意味的形容詞，所以「老—少」這對詞組與我們所討論的這個規律不大吻合。

英文形容詞在問句裡的使用往往帶有價值判斷，但在葡語裡則沒有這種情況。葡語會把上述的「這裡的菜好吃嗎？」變成了「這裡的菜怎麼樣？」如果客人想問得更細，葡語還可以問「這裡食物品質怎麼樣？」為避免冒犯，講葡語的人在此未對食物品質做任何暗示性的價值判斷。

綜合英文中的二分法和否定性建構兩個特徵來看，我們就會發現英文中精確的形容詞是否定性的，籠統的形容詞是肯定性的。我們很容易在美國人的行為上找到這些語言特徵的體現。由於英文中否定性評價的詞彙相當精準，所以批評不費吹灰之力，責備和挑毛病較為容易。反之，褒揚這件更快樂的事兒卻變得困難重重，因為褒揚需要絞盡腦汁構思措辭，既要設法克服語言的含糊不清，又要讓人聽上去並非是講假話。[16]

因為能夠精確地表達否面意涵，英文為美式思維的負面邏輯提供了一個語言學基礎。英文的這種結構把該社會不容許的行為明確地表達出來，藉此產生了規範行為的作用，並為違規者預定了精確的懲罰標準。美國人的行為動機和紀律是在否定的基礎上運作的。[17]肯定性的行為則完全由個人自己來選擇，因為個人應富於創新精神，避免人云亦云和模仿他人。個人無須被告知該做什麼，因為肯定性的行為規範會製造從眾行為，在美國文化中這並不被欣賞。美國的社會權威與法規也同樣側重否定面，白紙黑字讓個體清楚知道界線在哪裡。且一般來說，美國社會對惡行的處分遠比對善行的獎勵精準得多。在中國、巴西等其他國家的文化中，社會權威的主要工作則是訂定哪些行為是值得效法的。

既模糊又精確的美式英文

確切的語言有助於實際的行動，因此對於美國人來說，條理清晰的語言很重要，模稜兩可的說法不受青睞。只要一句話能被理解，那其語言就是好的，溝通就是有效的。然而，正如我們先前看到的，英文的某些結構本質上就是模糊的，譬如說疑問句使用的詞義不清的形容詞。一方面美國人追求語言的精確，但偏偏他們的詞彙又經常很模糊，這逼得他們有時非得採取一些非語言手段。

美國人說話時常見的一個現象是，先挑一個詞義含混的一般名詞，然後添加另外一個名詞或形容詞來修飾前者。修飾詞可能也同樣含混不清，但透過一種稱為「強化修辭」（verbal dynamics）的技巧，雙詞並置聽來就精確多了。例如，全體學生（student body）要比學生們（students）聽上去更加有力，價值導向（value orientation）比價值（value）更好聽些，科學（science）常常被稱作科學方法（scientific method），書也變為閱讀材料（reading material）。從一些例子我們可以看到，強化修辭包含一些常用的名詞，譬如：途徑（approach）、行為（behavior）、發展（development）、設施（facilities）、成長（growth）、學習（learning），以及過程（process）等等。作為修飾語的常用名詞和形容詞包括：動態的（dynamic）、實驗性的（experimental）、探索性的

（exploratory）、個人的（personal）、成果豐碩的（productive）、操作的（operateional），和自我的（self-）。將這兩類詞相互組合便產生諸如動態過程（dynamic process）、自學（self-learning）以及個人成長（personal growth）這樣的新詞，這些詞彙反映了典型的美國價值。

並列且前後呼應的兩個字詞也說明了美國人對程序的著迷，以及美式思維對實務功能的重視。譬如說，華盛頓特區有一家報紙某次提到，波托馬克河上建造了一座「交通承載設施」（traffic-bearing-facility），這個詞的組成就是一個很好的範例。若是用「橋」這個字，那它只是一個建築物，一個東西而已。但「交通承載設施」卻將該詞的焦點從建築物本身轉移到建築物的功能上。該組合詞的每個詞獨立來看都顯得空洞，不能表示任何具體的物體，建築物的概念事實上是由該組合詞的各個部分之間的互動構成。由此我們發現強化修辭通常不具備確切意義。只有看得出其中那個明確的物體與模糊的過程之間孰重孰輕的關係的，才能真正理解這種組合性詞語。

各個語言在發展歷程上都會經過好幾個階段。第一階段以字型變化為主，到了第二階段焦點放在介詞上。介詞又漸次演化成以開始使用形容性名詞（adjective nouns），強化修辭就是其中一種。中文是沿著這條線演化的，英文的發展似乎也是遵循著同一路徑。但是，語言的演化過程並未說明為什麼美國人在強化修辭方面比其他的英文使用者更向前邁進了一步。只有考慮到美式英文應用的獨特性，我們才能解釋語言演化的這種差異。

美國人民經歷過一場拋棄「舊世界」迎接新事物的巨變。移民們通常鼓勵他們的孩子融入美國，成為真正的美國人。年輕人熱切地接受美式英文及這個新國家的生活方式，並同時放棄故國的語言風俗。就在不久之前，在美國講兩種語言仍是社會地位低下的標誌，也許全世界唯獨美國才會出現這種情況。美國人偏重簡單詞彙，不講究風格上的精雕細琢，並且會用大量的俚語來表示彼此的親近與對社會價值的認可，這些種種原因更加速了美國人接納了他們的國語——英文。總之，美式英文遠離了一般的文學傳統。甚至在科學語言中也滲透了濃重的行話，對於科學家們，這些行話與社會脈絡裡的俚語起著同樣的作用。無論是在社會或科學的脈絡裡，詞彙相對有限，所以他們的遣詞用字較為籠統含糊。例如，講英文的英國人可能會說「頒獎」（bestow a prize）而美國人則說「給獎」（give a prize）。」美國人大量使用「給予」（give）和「得到」（get）這類意義非常寬廣的動詞。為使詞義變得清楚些，他們必須常常在那些詞後附加必要的修飾語。與此相反，英國人對詞彙的使用更講究其精準性。

上述案例令我們注意到強化修辭的模糊性會造成美國人與外國人溝通時的障礙。強化修辭以及本章所討論的其他語言方面，只獨屬於美國文化。因此，任何語言的翻譯，無論直譯或意譯，都必須考慮其文化的脈絡。

難解的非語言行為

在前面我們看到各種語言表達方式的天差地遠。例如，中文比英文更具類比性語言的特性。[18]英文的數位傾向導致它產生彼此互相分離的抽象範疇，以及人的感情、知覺，和思維的割裂。這些範疇被本身沒有意義的符號構成的字詞來表示，就好像電腦上的「開」與「關」符號本身沒有意義一樣。但是，在面對面的人際溝通中，語言資訊始終由非語言的行為相伴，在此，非語言行為可說是數位性詞彙的一個類比性背景。[19]聲音、手勢、眼神對視，與身體接觸都是更直接的情感表達，而不須借助語言。在社交場合，善於察言觀色才能對他人的非語言行為做出合宜的回應。事實上，在社交性的溝通中，靠語言來傳達的訊息只占很小的比例。[20]因此，瞭解人際關係中的非語言行為至關重要。

當語言被當作主要的溝通工具時，就像美國人所講的英文那樣，非語言行為會被下意識地當成對語言訊息的一種評價，而不是訊息本身的一個部分。這一點可從諷刺或玩笑的交流中得到見證。類似「哎呀，多美的一條領帶」這種說法可用聲調加以修飾，讓聽話者從聲調裡得知這是反話。換句話說，非語言的暗示（此例中為聲調）建立了諷刺的脈絡，只有將所說的話放置在這一脈絡之中，語言才可能被準確理解。

非語言行為也可直接進行溝通。譬如說，講話人的臉從三英尺的一般性談話距離移到二英尺的距離，此舉本身就有豐富的意義。正是一種非常直接的情感經驗賦予非語言行為可觀的力量。聲調、手勢、表情、身體距離、肢體接觸，以及其他表現力強的符號標誌比文字敘述更能表達人與人之間的關係。也許由於這個緣故，同時也由於一般人相信非語言行為更難被假裝出來，所以非語言在人際交往中比語言具有更高的可信度。對於成人，若是語言和非語言的訊號發生矛盾時，一般人都會傾向於相信非語言的訊號。再者，由於這些關係訊號很少成為正式的研究課題，它們的運作往往出自本心，非刻意做作。鑑於這兩個原因，非語言行為成為跨文化溝通障礙的一大因素。人們下意識地以為每個人都在使用與自己文化中相同的非語言暗示。由於我們對這些訊號的解讀就是錯的，接下來的反應當然也就是錯的。

輔助語言（paralanguage）是非語言行為特別令人困擾的一個方面，它包括講話的語氣、聲音的高低、重音、音量，和速度。美國人主要依靠句子（而非每一個單字）的語聲高低程度來建立談話關係的性質。在問句「我能為您做點什麼？」的句尾使用中度的降調就表示兩人的交往關係屬於正常。聲調的驟降將改變句子的語氣，使本來的問句一下子變成一個要求，或是一個拒絕。降調的延長可使一個問句顯得更誘人或更友好。但這一規則並不通用於所有語言。例如，中文的句尾就沒有任何規律性的變化，中文的聲調是隨每一個字變化的。如果用中文的抑揚頓挫來講英文，那句子就失去了美國人在一段愉悅的對話中所期望的抑揚頓挫。在美國人聽來，中文平緩的語調顯得無禮、傲慢，或憤怒。同樣，美國人認為英國人講話充滿了優越感，德國人粗魯，拉丁人則過於激動。美國人對外國人的輔助語言偶爾也能做出合乎禮儀的反應，但這種情況往往屬於歪打正著。他們對講話者的常規性輔助語言並無絲毫瞭解。

在身體語言方面，美國人的表現較為適中。與許多亞洲文化的人相比，美國人手勢的使用相當自由。但若同地中海、拉丁，或阿拉伯文化的人相比，美國人則顯得十分拘謹。正因為美國人認識不到不同文化的手勢習慣有很大的差異，所以他們往往誤以為亞洲人神秘莫測、陰險狡猾，義大利人則過分誇張。美國人把微笑理解為快樂或幸福，至少也是出於想讓別人高興，就像空服員臉上的笑容，雖然空洞但令人感到安心。在日本，微笑的應用範圍要廣泛得多，微笑掩飾尷尬，遮蓋喪親之痛，有時牽強的微笑是為了遮掩憤怒。然而，在日本人嚴肅的面孔背後卻隱藏著他們的快樂或幸福。

其他諸如對視、觸摸，及身體距離等非語言行為也大同小異。在美國人看來，注視別人的眼睛是檢驗一個人是否值得信賴，是否忠誠可靠的重要依據。然而，日本人一般不和人對視，但會突如其然地用燈塔般的目光掃視他人。在某些文化中直接的凝視是很粗魯的，所以來自這些文化的人在和別人交談時常常將目光游離別處或者朝下看。但在美國人的眼裡，這些做法即便不是一種挑釁，至少也很無禮。對於美國人，談話者雙方站得過近形同發出要打架或是逃跑的信號，但在別的文化之中這一距離卻恰到好處。美國人的身體距離和身體接觸都有著較為明確的意義，顯示社交與性的含義。阿拉伯人，其次為拉丁人，他們的舉手投足常使美國人誤解。美國人認為他們在社交上富於攻擊性，兩性關係上則非常放蕩。（在其他非語言行為的差異上，如穿著打扮，還有男女二人在公眾場合長時間的相互凝視對方等等，則讓阿拉伯人和拉丁人認為美國人是放蕩不羈的。）

我們在第二章討論知覺過程時提到，某個感知信號可能在某一文化中被視為圖形，在另一文化中卻被當作是背景。對非語言行為的理解也有同樣的狀況。因而，我們在尚未確定一項訊號是否真的已經被某文化中的人察覺之前，我們不宜對該手勢或聲調在該文化中的含義進行任何評價。例如，使用美式英文的人們會利用在一個本該上升的語調上，使用逐漸減弱的聲調來暗示批評。有時，美國主管會刻意用這種語調含蓄地糾正他們的屬下的工作表現，但卻往往被東南亞人和那些以英文為第二語言的人所忽略。此外，形形色色的非語言行為能夠真正被聆聽者或觀察者所辨識的其實只有九牛一毛，這可能導致更多的誤解，並使溝通變得更加複雜。我們可以在美國黑人與白人發生爭論時觀察到這種現象。白人通常只對黑人高昂的聲音和面部表情做出反應，但卻未注意到伴隨著聲音或表情信號的身體距離信號。對黑人來說，距離的改變是個重要信號，它意味著雙方的語言衝突是否會進一步升高到肢體衝突。[21]所有的文化都有他們自己的非語言規則。在某一文化的非語言規則中大量意義豐富的符號，在其他文化中可能根本沒有意義，或者僅保留其部分含義。因此，針對每個不同的文化，我們都須要進行非語言訊號的跨文化分析。

美國人往往把非語言行為看作是對語言溝通的輔助手段。但在日本等其他地方，非語言規則被用來傳達重要資訊。總之，人與人之間的非語言行為像語言一樣，通常代表著複雜細膩的文化傳統。關於這點可從以下來自墨西哥的一個案例中得到說明。

一個到墨西哥觀光的美國人向一名墨西哥人描述他的家人。那個美國人想通過手勢比劃高度藉以說明他的孩子們年紀還小。他伸出右手，掌心平直朝下，然後從下往上逐一比劃孩子們的身高。起初，他並未注意到墨西哥人看到他的手勢後臉上的驚愕表情，之後他才恍然大悟。原來，他使用的手勢與墨西哥人在一隻狗或別的動物頭上撫摩的動作很相似。墨西哥人用掌心朝下的手勢表示狗、豬，或其他動物的個頭。比劃人的身高時，他們一般伸開手掌，指尖垂直向下比示合適的高度。

墨西哥人和美國人對兩種手勢的態度與兩個社會的成員的世界觀密切相關。美國人接受客觀現實，認為人和動物都是地球上的生物。在美國，由於達爾文理論的薰陶，人獸之間的界線搖擺不定。墨西哥人不是忠誠的達爾文主義者，他們相信人類是萬物之靈，拒絕給予寵物及其他動物與人一樣的特殊地位。語言和非語言的規則以及二者所代表的思維模式都在影響著人們如何看待這個世界。美國人的非語言溝通相對較少，語言才是主要的溝通管道，所以在面對泰國和墨西哥等文化中比例非常重的非語言溝通的時候，美國人就難以應付。

雖然語言和非語言系統本身作為表達經驗的能力都很強，但它們畢竟只構成整個世界的深層結構與運作法則的表層而已。在這些語言和非語言的模式下面，影響它們、並推動著更深層的改變的是文化的價值和觀念。

第四章

活動方式

價值觀的探討在美國極為普遍。分析人的行為是每個人的業餘愛好，「澄清其價值觀」也成了教師們津津樂道的課堂用語。社會學家將抽象晦澀的價值觀付諸有實際功效的社會服務，並將成果用可測量的方式呈現出來。這種對價值觀的實用化與量化讓某些外國人誤以為美國人根本沒有真正的價值與文化。的確，儘管美國文化中充斥了種種對價值觀浪漫化的渲染，但美國人似乎不大留意他們的行為如何被這些根深蒂固的、形塑種種「應然」（oughtness）的基本價值所左右。

為了分析美國的文化模式與價值觀念，我們特意選取了四個不同的章節：活動方式、社會關係形態、對世界的看法，與對自我的看法。在這一章和以下三章我們將會討論這四個組成部分的細節，包含最具系統性和描述性的價值及觀念，也涵蓋那些在美國人看來已是老套的社會規範。我們所討論的價值導向並非在任何情況下都會導致特定的行為表現，但它們確能顯示美國人在思考問題時不經意透露出來的底層文化基礎。美國人的各種判斷與分析都是建立在此基礎之上。

觀念與價值的矛盾可能普遍存在於各個社會。文化的每種成分都影響著其他成分，反過來也受其限制。例如，美國文化中強調人人平等的價值觀有時會與注重成就及個人自由的觀念發生衝突。[1]然而，任何文化的觀念和價值結構都是作為一整個系統而存在的，我們對每個成分的思考都必須同時參照其他成分。

儘管內容複雜繁瑣且不無矛盾，美國中產階級的文化模式還是具備相當的一致與完整性。這便使我們有可能將不同的成分一個個分開來看，並將它們各自當作一種原型的呈現，這麼做會單純許多。這意味著一個從具體的行為中捕捉到抽象的觀念與價值的工作，雖然這些觀念和價值一般從不以單純或孤立的形式出現。解釋某一行為通常須借助於好幾種觀念和價值。對各種原型模式的探討可為理解美國文化的各種成分及彼此之間的複雜關係提供一個基本架構。

決策主體與「問題」意識

人之所以會有所行動必有其因。在美國人看來，行動本身不是自發產生的。它需要有一個主體，或說是動因，更抽象點來說就是一個原因（cause）。前文在提到潛在主體這個詞時已經做了一些討論。鑑於潛在主體是美國文化中一個非常普遍的觀念，我們有必要對它進行比較，才好凸顯它所發揮的巨大作用。在日本社會，人的行動總在幕後進行，以至於似乎一切事情都是自然而然發生的。即便其背後確有某個「推手」存在，那也絕對深藏不露，它們只是通過媒介進行活動。若想在日本尋找某位決策者或負責人那將注定徒勞無功。與此相反，在美國，潛在主體的觀念鼓勵人們確認事物的原動力。決議有其決策者、問題有其解決者、事故有其肇事者，成功與失敗也各有其成王與敗寇。

另外，潛在主體之存在目的就是要解決問題。人們通常將付諸行動前的一個階段，即行動導向（orientation of action），看作是一種決策。這一概念在美國文化中有兩種含義。日常生活中，決策常常意味著一種模糊的社會規範，用以證明各種行為的合理性。例如，有關人生目標、暑期工作、及旅遊計畫等閒談都堪稱為對個人生涯的局部性決策。決策更為正式的含義是整合美國文化中許多鬆散的觀念和價值，使之系統化為指導行動的程序。例如，決策過程通常要包含的一個要素就是「確定目標」，然後明辨目標以便產生更有效的行動。這裡依次蘊含了三個美式觀念：人是自己的主宰；語言表達應力求簡單明確；思想應付諸行動。在心理學和管理的領域這類決策已獲得了正式的地位，這顯示了美國人將技術知識應用到人事之中的典型做法。這套原則我們稱之為「技術主義」（technicism）。

在面對面直接交往的情境中，行動及決策的主動權在於個人。美國人很早就開始鼓勵孩子們樹立這樣的信念，告訴他們只有自己才最懂得自己想得到什麼和應該怎樣做。美國人即便在不能自己決策的處境中也依然對自我決策抱有幻想。當他們需要向銀行家、老師、顧問，或各類專家諮詢時，他們也只是覺得這不過是為自己的最終決策尋求資訊或建議罷了。專家的角色是提供諮詢而非充當決策者。美國人理想化地相信，資訊和看法應來源於自己，自己的問題應該自己解決。例如，美學評論常常被等同於個人喜好。美國人不喜歡借用外在的標準衡量藝術的價值，只要個人喜歡，就是價值所在。但這同時也導致了強烈的自我中心。自我中心的觀念在美國影響廣泛，深入人心，甚至連美國著名的心理學家卡爾・羅傑斯（Carl Rogers）都誤把它當作是一個普世性觀念。[2]

雖然美國文化也存在不少由他人作主，但這種換人決策的情況通常在非西方國家比較多。世界上很多地方的婚姻是由父母作主的。在這類情況中，決策者並非將切身受到這個決定影響的人，而是在這個社會中傳統上應該為此負責的人——如上述為子女決定婚姻人選的父母。

另一種在美國以及非西方國家都普遍存在（後者更甚）的決策方式就是群體決策。許多事情在非西方國家需要家庭或社群的介入，而在美國則由個人作主便可解決。另外，個人參與群體的方式在各個社會之間有很大的差異。美國人希望能發表自己的見解，並希望自己的意見能對最後的決策產生影響。為滿足這種願望，他們對會議程序、會議內容，乃至於投票方式等問題錙銖必較。美國人的這種熱衷與某些文化中那些行禮如儀的表現不同，美國人關注的目的是為了確保公平和利於行動。甚至在沒有正式程序的會議中，美國人也會呼籲每個人都應擁有發言的機會和平等的決策權。在與不同文化的人交往時，如果對方缺乏群體的成員必須以公平與平等的原則相互對待的意識，或無法分辨程序性和實質性問題的不同，那麼美國人所提出的有關會議程序的問題往往會被斥之為蓄意搗蛋或另有圖謀。[3]

美國這種由多數人參與決策的觀念並不是放諸四海皆準的。日本人就不用群體討論的決策方式。拉菲爾．斯坦伯格（Rafael Steinberg）寫道：

> 西方人「多數決」的思想在日本雖然被列入憲法與法律條文，但從未真正落實。孔子的倫理思想仍然是主流，這種思想要求凡事都能被全體一致通過。為了尊重「少數人的權

利」，絕大多數日本人幾乎事事都得做出讓步，以求維繫群體和諧。這項原則不僅被政府遵循，企業董事會、工會、社團會議、以及家庭聚會也在遵循。這種決策方式不會徹底否定任何一個人，假如這個人被徹底否定，那就再也「抬不起頭」來。[4]

按照美國人的標準，日本人遵行的「共識決」費時費力，進度緩慢。但與美國人在「事後」尋求支持決議的做法相比，日本這種決策模式在執行層面就有效得多了。

在那些由集體表決進行決策的社群，首長或主席的角色與美國的情況大相逕庭。美國社群的主席主要的工作是協調，確保每個人都能自由發表見解。在日本，一項正式或半正式的群體性決策的達成通常須借助於某種「試探性」的方式——尋求一個聲音，最好是主席的聲音，他將會表達眾人的共識：

> 日本人似乎可以說是靠著某種「移情作用」（empathy）讓大家達成協議的。主席的作用不是幫助人們自由發言，而是去揣測大夥的意願、表達這個意願，並宣告共識的達成——該決議很可能就是按照他的推測做出的。領導人的這種能力被稱為「腹芸」。[5]

美國人可能覺得這麼做缺乏領導力。事實上，日本公司的總裁的工作大都是儀式性的，其目的是鞏固公司內部的向心力，並向外展現團結。決議的達成向來都在幕後進行。在各方根本沒有權利表達自己意願的情況下，所謂的共識實際上是掩蓋了不同派別的各自的立場及態度。日本文化為權力不足的派別提供了意見一致這把庇護傘，在公開的會議中用它撐門面，並以和睦、善意、與天命等堂而皇之的口號，鼓勵各派系安分守己，並接受並非他們自己主動選擇的方案。日本式的共識決策反映的往往是權力的妥協，而不是建立在每個平等個體的意見與利益都應該被尊重的美式思維之上。

美國社會某些領域中所採用的決策方式與日本等非西方國家比較接近。在政治領域，以市與郡的聽證會來說，雖然名義上它是應該達成某些決議的一個民主機構，但實際上聽證會的資深成員會先在閉門會議裡做下決定，然後讓全體成員在正式會議中公開追加認可。這樣的決策有違美國文化中這樣一條準則：所有會受到某項決議影響的人，都有權利協助並參與整個決議的制訂過程。美國人通常認為個人參加會議確能對決議產生貢獻，群眾的協商將發揮實質性的作用，並做出更明智的決策。

美國人認為個人是決策的主體，所以即使在群體之中個體也以個人、選民或某一角色的身分參與決議的制訂。這樣的決議才能忠實體現個體所預期的效果。然而，美國醫生對病人的診斷採用卻是另一種形式。醫生的主要工作是判斷病人的自述和醫生自己的觀察是否與某種疾病的症狀相吻合，然後依照該疾病的特性做出診斷，對症下藥。醫生給患者下的處方是根據他或她開的診斷。這與我們討論的內容密切相關，因為許多非西方國家人民所慣用的決策方式與此非常相似。

個體只是根據既有的習慣先對某一問題進行歸類，然後按部就班，照章行事。

下面是對美國國際開發署（United States Agency for International Development）一位技師的採訪片段，他曾在柬埔寨負責警察的訓練工作。該案例所反映的「天人之際」的分類原則很耐人尋味：

> 在我們最初推行一項對交通事故受傷者進行急救的計畫時，確實遇到許多麻煩，因為當地人認為被車撞是天意，是受害者應得的報應，他人不必插手。我們解釋說交通事故的發生不能一概而論。他們遇難並非出於上天的干預，而是他們違反了交通規則，所以警察應該對他們採取急救措施。

值得注意的是那位技師並沒有按照美國人的方式來溝通，譬如強調自負後果、訴諸人道關懷，或是警察的職業道德等觀念，來改變柬埔寨人的看法。相反的，他只是略微修改了一下柬埔寨人的分類框架，即他們對交通事故的看法以及對遇難者置若罔聞的態度。交通事故被重新納入了人的範疇，因此通過人的努力情況是可以改善的。

另一個發生在太平洋上島嶼上的例子說明，通過對醫院功能的重新定義挽救了一名婦女的生命。

島上一戶人家的女兒要生頭胎孩子，醫生檢查出來她屬於臀位分娩的難產兒。來訪的美國人都極力勸她家人把她送進附近的美國醫院，但都被拒絕了。孕婦躺在家中的木板上分娩，由一名接生婆負責接生，費了九牛二虎之力，接生婆總算保住了產婦的生命，但孩子不久就死了。隨後引起感染，產婦再次性命垂危。別人再次勸她的家人把她送進醫院，但仍無濟於事。據她父親所說，原因是美國醫院只醫治那些不信島上神靈的美國人。父親認為，問題在於他們觸怒了某些神明，去美國醫院看病自然不可能有效。後來，那些美國人對她家人說，接生婆的縫針技術非常高超，以致於竟把一些邪惡的神靈也「困」在產婦體內了，只有醫院才能將它們釋放出來。那位婦女終於進了醫院，後來還生了好幾個健康的孩子。

對美國人來說，個體不僅是決策的核心，他或她還得對該決策及其後果負責。個人承擔責任的思想甚至體現在「這是誰做的？」（Who did this?）或「這事由誰負責？」（Who is responsible?）這些人們慣常使用的問句上。一般說來，決策之權利與承擔之責任成正比，也就是說決策意味著行動。但美國文化中也有例外的情況，如美國政府內由官員指派某人就某事做出決策的現象相當常見。決議一旦形成，該決策者便會離開，所有的後續問題則留待官員自行處理。

在非西方文化的國家中，個人不是決策的主體，因此所謂的「責任」相對來講沒有什麼實質意義。在那些人們與其血緣親戚或社會團體非常緊密而流行集體表決的文化裡，責任往往是分散的。譬如，對日本人來說參與決策和行動兩者沒有必然的等價關係，且他們認為由個人對會影響自己與他人的決策做出決定，是非常不禮貌的。硬要別人接受自己的觀點並跟著做，這對他人是一種冒犯。他們往往會支吾其詞或乾脆緘默不語。[6] 在日本，個人服從於群體，一旦某個人需要做出某項將影響行動的決策時，他會：

> 退縮並儘量拖延時間避免作出決定。即使他對某事做了口頭保證，但往往最終什麼都不做。他只意識到群體責任而缺乏個人責任感。若有可能，他會將決策的責任推給群體，或至少也把它推給其他人。[7]

在所有那些以群體為尊、或極力推崇集體共識的文化當中，我們或多或少的可以觀察到這種不對稱的決策模式。[8]

決策所側重的是行動之前的準備階段，但是若以「問題」（problem）為核心去看待事物就會使思考的焦點轉移到那些阻礙行動的障礙上面。美國人強調問題的解決，把反對意見看作是必須解決的負面因素。「他／她認為這個計畫有問題」（"He/she is going to have a problem with this idea."）這句話的意思是說此人將會反對某項提議，這就意味著某些問題必須排除。相反，「沒問題」（"no problem."）就相當於「我同意」（"I agree."）。如果問題棘手，解決它們需要大量的準備和計畫工作，那麼解決問題之前就必須議定方案。美式思維中的客觀化和抽象化傾向能避免將討論問題看作人與人之間的紛爭，但有時也會受到社會因素的強行干擾。遇到這種情況，美國人的解決方式往往帶有衝突性質。

注重問題以及解決問題的意識在美國深入人心，成了一條十分普及的社會規則，於是任何被認為是負面的元素都可包括在問題的概念之內。解決問題的人首先要確立障礙是什麼，什麼是需要克服的具體問題。這種羅列障礙的做法必然引起外國人的某些不悅反應。首先，對那些重視集體利益與和諧的文化的人來說，強調困難面似乎顯得過於挑剔，充滿批評意味，使本應受到支持的人們遭到偏激的否定與批評。其次，當地主國人發現他們的國家、乃至他們自己及他們所做的工作竟成了美國同事眼中的障礙，成了美國人追求成功的絆腳石，他們勢必無法接受。

與美國人關注問題的傾向相反，一些外國人士即使明知困難重重，也會矢口否認存在任何問題。例如，當美國的輔導老師告訴阿拉伯學生他們的註冊表或成績單有誤時，他們覺得那根本不是個問題。部分原因可能是這些學生認為輔導老師只會吹毛求疵。另外一個原因可能是在某些文化中（包括阿拉伯文化），只有很重大的問題才會被當作是真正的問題。非西方文化的人通常會接受這樣一種觀點：事情總會以某種方式得到解決。所以他們在看待事情時，不會特別留意有哪些警訊。

美國人相信世界上存在著一個「理性的秩序」，它解釋事物的由來，並決定萬事萬物的變化。注重解決問題的習慣似乎就起源於美國人的這種觀念。理性秩序的存在意味著宇宙是機械的

（mechanistic），而且各種物質性（material）的因素決定了這個世界的運作。在這樣的世界裡，人們可以挖掘到各種的事實、數據、和技術，它是一個由無數需要解決的問題構成的現實世界。美國人不是典型的哲學家或邏輯學家，他們對抽象的理論缺乏耐心，但也不只是依靠個人的具體經驗來解決困難而已。相反的，他們把專業訓練和教育看得很重要。海外的美國人則更是完全依賴他們在訓練課程中的所學，以為和非西方人打交道只須告訴他們該做什麼、怎麼做便萬事大吉。非西方人的思想觀念及價值觀不是遭到忽略，就是被當作另一個打斷工作進度而有待排除的障礙。

美國人對某個問題通常不會只提出一種可能的解決方案，而是往往設計數種可行方案，然後從中加以選擇。這是一種比較的態度。對某一具體目標，某種方案可能是最好的但卻不是唯一的。美國人在行動的層面不相信所謂的「絕對真理」。[9]但在一般相信不涉及文化因素的科學領域，絕對真理仍然是可能的。另外，在某些宗教的基本教義派當中也不乏其蹤影。

決策及解決問題是為了獲得行動的計畫與實行該計畫的策略。無論是計畫還是策略，它們共同反映出的思維是，所有的行動以及這個世界本身都是由一連串的因果事件構成，它們彼此相連，並一直延續到未來。在理想的狀況下，一個因造成一個果。由於美國人的著眼點是在未來而非現在或過去，所以從眾多的原因之中找到一個主因的做法，導致美國決策者喜歡採用單一的尺度衡量其行動的結果。某個單一的原因以線性的方式與某個結果相聯繫的觀念，鼓勵了美國人的行動導向，並增強了他們人定勝天的信念，因為他們總以為只要找對方法，就能解決問題。如若按照　中國人的觀念，事物皆由諸多原因和偶然性支配，那麼計畫和控制都是非人力所能及的了。

美國人行動導向的最後一個方面就是對選擇的重視。美國人在對未來進行過一番深思之後，特別是衡量了行動的結果之後，會選擇能產生最佳效果的方案。最佳結果的概念是從實際經驗中得來的，且應當具備可預測性、可測量性，以及物質性。某一行動的物質或經驗效果大體是客觀的，但實用性則不盡然。對某人是實用的，對他人則可能不實用。實用性僅指在目前的情況中有效，而顧不了往後了。從非西方人的角度來看，這種美國式的「工具導向」或「操作主義」似乎是捨本逐末，為確保方法之有效而犧牲了目的。

三種活動方式：實做、自在、與自為

外國人來到美國很快就會感到美國忙碌的生活節奏，這裡的人們永遠處於不停的運動狀態之中。這種印象說明「實做」（doing）乃是美國人主流的活動方式。很少美國人會懷疑隱含在這背後的觀念：「解決問題」是有意義的。[10]由實做觀念衍生的思想影響了其他的價值觀和文化觀念，進而滲透在美國的的語言中，如口語中的相互問候「你最近好嗎？」（"How're you doing?"），以及「我還不錯，那你呢？」（"I'm doing fine. How are you coming along?"）美國人生活的各個面向都受到實做精神的影響。

> 它最重要的特徵就是要求以行為者自身以外的客觀標準來衡量行動的成敗得失。不管是在評價自己或他人，關鍵都是這個人對人、對事、對物有哪些可以測量的成就。這人是做什麼的？他將來會有什麼成就？美國人在臧否人物時永遠不離這些問題。[11]

佛羅倫斯．克羅孔對實做精神的定義與美國人的其他性格特徵是一致的，如重成就，特別是具體的成就，以及可測量性等。然而實做精神不表示美國社會不存在懶散的人。有些文化中沒有明顯的實做精神，但該文化的成員可能有很強的主動性。[12]相反的，存在著實做精神的文化中，有些人相對來說也很被動。在美國文化中，與實做觀念相伴隨的還有一種非常主流的「忙碌精神」（value of keeping busy），這反映在「遊手好閒滋生魔鬼」這句俚語當中。某些與忙碌相近的詞語幾乎可用作讚美之詞，如用「積極主動」（active）或「精力充沛」（energetic）來表示對某人的讚賞。美國文化中的英雄人物一般都擅長於行動。譬如說，一九八五年，冒險片導演克林伊斯威特（Clint Eastwood）被美國的年輕人選為「最受崇拜的英雄」。「活躍」（being active）亦指與事業相關的活動，說某人不再活躍通常意味著這人已經退休。講究實做與積極主動是美國人生活中的主導模式。

在非西方國家，活動的其他兩種形式，自在（being）與自為（being-in-becoming）常蔚為主流。[13]這些觀念上的差異有時令海外的美國人困惑不解，他們以為社會上有影響力的人物是靠著實際行動博得美名。然而，某些其他民族人們所尊敬和推崇的人物是以深沉的思想、玄奧的智慧而著稱的。

會欣賞「自在」之美妙的人們，通常會偏好那種人性中先天本性的自然表現……也可以說是他們對人類本能和欲望的自然體現的欣賞。但須注意不要把這種解釋過於字面化。[14]

因為具體的行為通常會同時反映幾種思想與價值，故上述活動還應受到來自該文化其他方面的約束。[15]

「自在」的價值類似自我實現（self-actualization），即馬斯洛指出的「充實、睿智的成熟人格」。[16]要瞭解自在究竟是什麼意思，只要看看那些那些努力追求自我實現的人以及他們的「高峰體驗」（peak experiences）即可。高峰體驗具有幾個典型的特徵：在高峰體驗過程中，一切事物往往被看作本質上齊一的，彼此沒有高下之別；知覺相對來說可超越自我，心如止水，不再受外物干擾；高峰體驗本身即是一種價值，不再需要以達成某種目的，或減少慾望作為衡量其價值的標準；高峰體驗無法在正常的時空座標中達到。[17]在以自在為尚的文化中，人們對高峰體驗的描述都與上述特徵很類似。渴望達到自在之境界的人不太知道什麼叫做「需求」，也無心追求自我的發展。這裡的人們對「需求」有負面的看法，因此他們時刻不忘培養「清心寡欲」的人生態度。另一方面，他們卻難以忘懷個人社會地位的提高。換言之，高峰體驗作為一種理想反映出的是禮俗社會的力量。個人是透過社會歸屬與參與來表達自我。

活動方式的第三種形式乃「自為」，在個體的發展中起著關鍵性的作用。實做強調的是可見與可測量的行動，自在所注重的是一種超驗的歸屬狀態，而自為則強調「自我作為一個完整的個體之全方位發展」。[18]在此，智能、情感、動機等性格的各個方面都受到了一定的關注。儘管自為式的人生追求並非美國主流，但在二十世紀六〇年代它一度風靡文化界，並對人文主義、超個人心理學、教育的成長理論發揮重大影響。

除了日本，尤其是其禪宗界之外，自為在任何一種主要文化中都沒有成為主流的活動方式。作為一種次要的價值導向，自為被某些歐洲人視為延續生命有限的活力的一種方法。而在其他群體，如修煉瑜伽的印度人以及伊斯蘭的蘇非教派（Sufiism）[19]，「自為」的目標是將自我與一個更加偉大、超越性的精神世界結合起來。

工作倫理

在美國生活中，活動形式的一個最重要的特徵就是把工作和娛樂分開。工作是為了謀生，是人們必須做的事。即使他們可能從中得到樂趣也不能同娛樂混為一談。反之，娛樂是從單調乏味、按部就班的工作中解脫出來。娛樂與工作無關，娛樂就是要享受。當然也有許多美國人把消遺嗜好和工作同樣對待，目的明確，態度認真。

海外的美國人經常發現工作和娛樂對於他們的外國同事是沒有區別的，他們對工作顯得漫不經心。非西方人（亞洲人除外）一般不允許工作干擾生活的情趣，他們希望美國人也能像他們一樣將個人生活與工作融為一體。譬如，拉丁美洲人就不像美國人那樣將工作和娛樂截然分開。拉丁美洲人舉行的會議可能會變成一場社交活動，絲毫不顧簡潔與效率。[20]美國人往往不知道要如何在這類會議中做個結尾或定案。甚至在日本及其他亞洲國家，工作的定義也比美國廣泛。例如，在下班後與同事或上司喝杯啤酒或者吃頓速食，也可能被看作是一種公務。

美國社會的主要價值觀，尤其是職業道德，在美國人的工作方式中也一覽無遺。雖然從二十世紀六〇年代開始職業道德的觀念已在美國逐漸勢微，但勤奮工作、禁止娛樂的清教倫理仍然十分盛行。日本人也有刻苦工作的傳統，但美日兩種文化在工作的觀念上存在差異，這種差異體現了兩國各自基本的價值觀。與日本的制度相比，美國公司對於工作條件、勞工權益都有明確的正式規定，可供職員參照。美國文化的技術主義、職場上對基層勞工和管理階層的專業化，兩者相輔相成。具有獨立行動導向的美國工人自主意識比較強，在控制和改善自身工作條件方面比日本工人顯得更加活躍。他們會毫不猶豫站出來與高層抗爭，一旦展開罷工，就務使老闆嚐到苦果。美國人不會把自己的人生與公司綁在一起。為追求更多的薪水與更高的職位，無論經理階級或勞工都會不斷地跳槽，毫不眷戀。這種傾向揭示了美國人的個人中心主義，以及理性利己

（enlightened self-interest）的美式工作風格。

究竟日本是怎樣搖身一變成了工業大國，甚至還威脅到了美國，這個問題引起了美國人的極大興趣。許多關於日本企業的研究表明，日本工業為什麼能在二戰廢墟上迅速地發展起來，日本文化起了重要作用。雖然他們在工業和商業方面借鑑了許多西方的經驗，但這些經驗都被融入了日本文化之中。

日本企業的工人和管理者在行為表現方面與美國的有所不同。美國人主要是藉由工人手藝和工業技術來完成任務，但日本人則另闢蹊徑，根據具體情況及人際關係來安排工作。日本的勞資雙方都不認同單憑技能或技術的輔助每個人就能做好工作。無論在什麼情況下，日本人在規劃工作細節時，重點都是團體及其成員之間的關係，並利用群體的監督實現對行為的控制，技術層次問題倒是次要的。日本的管理者不直接面對員工，其管理通常都以團體或社交場合作為中介來落實。跟美國人不同，日本工人和管理者之間不存在對立關係。他們的企業文化具有一股強大的力量避免衝突與不確定性。譬如，罷工的宣傳和舉行通常只利用午餐時間或在不使老闆遭受損失的情況下進行。日本的工人認為公司不僅是老闆的，也同樣是他們自己的。既然如此，為什麼要損害它呢？

在條件優惠的大公司工作的日本員工的流動性要比美國小得多。日本人與他們的公司休戚與共，他們從那裡獲得安全感，贏得權力和地位，並得到工作上的物質報酬。日本人的群體在「稟議」的過程中展現了集體內部的團結性，「稟議」指將某一行動制度化之前的人際協調過程。我們不確定是否能把這一過程稱之為「決策」，較為合適的名稱可能是「事前籌備工作」，因為其重點放在實施階段而不在計畫階段。總之，藉由以人際關係為巧妙的潤滑劑，日本公司對員工產生強大的凝聚力，這是日本工業能突飛猛進的原因。

珍惜光陰、掌握未來

現代美國人的時間觀的起源可追溯到殖民時期，人們對時間和勞動態度的改變最早發生在維吉尼亞州。維吉尼亞公司的代理商發現英屬殖民地詹姆士敦（Jamestown）可以帶來巨大利潤的菸草買賣之後，想盡辦法利用土地和勞力獲取最大產值。起先，人們做工不注重時效並且每天只工作四個小時，但到了十六世紀二〇年代，「珍惜光陰」的觀念突然異軍突起。[21]新型的時間概念剛一萌芽就受到了班傑明・富蘭克林（Benjamin Franklin）的熱情鼓吹，他告誡人們「記住，時間就是金錢。」接著，計時器技術的成熟與大量生產更對此起了推波助瀾的作用。到了一八四〇年，價格便宜的鐘錶遍及美國城鄉，成了家家戶戶的必需品。

鐘錶之所以如此受歡迎是因為它有助於提高家庭的工作效率，因為有了它之後人們能較為精確地安排和利用工作日。由於當時住家也大都是家庭成員的工廠，所以家庭和農場工作效率的提高改變了人們的生活節奏，並引發了現代化進程中的一項重大的社會轉變。鐘錶還讓人們參與家庭以外各式各樣的集會與活動變得更方便，從而使他們走出了家庭的藩籬。鄉村居民開始樂意參加公眾集會。[22]

上述的美國歷史說明了現代企業時間觀念的由來。美國人以單位時間產量而非產品品質作為衡量生產力的根據，就是因為他們最在乎的是如何能最有效地利用時間。用時間來進行生產管理便產生了「最後期限」（deadline）的說法。在工作上無窮無盡的討論和協商會耗費大量的時間，這很可能造成逾期的危險，因此最後期限的限制迫使美國人放棄個人的堅持。廠方為贏得工作人員積極配合以準時完成任務，往往會對工作人員許諾「下一次」他們將有機會充分表達自己的觀點。但是，通常下一次還會遇到另一個最後期限。

美國人把時間管理技術引進別國時，經常會碰壁。日本的一間美國公司所雇用的管理階層中有美國人也有日本人，日籍管理人員對美籍管理人員最大的不滿就是美國人會使用最後期限控制生產。在此，值得我們重視的一點是，雙方管理人員都一致認為日本人比美國人更能按期完成任務。所以我們不能把日本人的惱怒看成是他們對時間限制的反感，日本人所憤恨的似乎是強制性的非人性控制，他們可能更願意接受一種權威式的但卻人性化的管理。

時間導向是文化差異中一個比較穩定的要素。[23]一個文化比較看重過去、現在、或是未來，會影響其文化中的人們如何看待他們的行為的重要性。譬如，拉美人的時間導向比較側重當下。在其他的國家，人們更看重過去，因而往往從歷史傳統中尋找行為的借鏡。最為抽象的時間導向是側重未來，此即美國文化的主流。正如我們所見，美國人傾向於以一種既抽象又具體可行的眼光來審視現在，他們按照因果關係收集資訊，並把焦點放在能改變未來的眼前階段。美國人觀念中的時間跨度比較短。美國人不像注重當下的巴西人或注重過去的印度人那樣用幾十年或幾代人的時間跨度來衡量未來。美國人所計畫的未來必須是在個人能力範圍所及之內的。因此美國人的計畫往往是短期的，這樣才能對當下的行動產生實質影響。

美國企業的經營者會以半年、一年，或更長一點的時間為期，在可見的未來之內，訂定明確的目標。公司會要求雇員制訂年度工作目標，並以之作為評估其工作表現的標準。可以預料，以目標推行管理的策略在其他社會通常窒礙難行。因為這種策略需要倚賴許多其他因素的配合，尤其是人們對未來的重視。看重當下或過去的人會認為未來遠在天邊、遙不可及，因而無法接受想要掌握未來的企圖。

美國文化篤信人可以改變他的生存現狀，這個原則即來自於他們對眼前未來以及積極行動的重視。行動與努力打拚終究會使人美夢成真，因此美國人被認為具有一種「行動樂觀主義」（effort-optimism）的特質。[24]只要付出就能實現自己的抱負。對那些咬緊牙關奮鬥的人來說，沒有不可及的夢想，也沒有無法超越的障礙。辛勤的工作能換來成功。相反，失敗便意味著個人的努力不夠，意味著懶惰或無能。把責任歸咎於運氣差或許可以減緩個人得承受的壓力，然而上述觀點仍然是美國人所奉行的根本信念。由這一點我們可以看出來，當美國人到了外國得與那些不這麼重視未來的民族合作時，他們會有多挫折。正如英國文學家吉卜林（Rudyard Kipling）所言：「只有傻子才會想要催促東方人快一點。」（A fool lies here who tried to hustle the East.）。

另外，著眼未來的行動樂觀主義也造成了一個常見的問題。倘若與外國客戶一起工作的美國人碰到的伙伴來自於不同時間導向的文化背景，美國人就會不斷抱怨無論他們做什麼事情都被延誤時間。他們為不同文化背景的人提供建議與諮詢的過程困難重重，他們的樂觀主義踢到鐵板，因而灰心喪志。美國校園裡的外籍學生顧問有時會對不聽從他們建議的學生表示不滿。顧問往往以學生對其建議的採納程度來進行自我評價的，所以建議不為學生所採納便意味著自身的失敗。通常來說，無法取得具體的成效會嚴重打擊美式價值體系的核心。在外國客戶看來，評價顧問水準的高低倒不在於顧問所提供的建議本身，他們看重的是顧問與諮詢者之間是否建立了一種相互信任的可靠關係。強調實做是美國人的行動方式，而大部分外國客戶則更注重的是人的自我超越與社會關係，即自在。

為克服這種挫敗感，一些在海外工作的美國顧問會把目光放遠，相信長遠來看他們的工作還是有建設性的。另一些人則指出他們的參與以及個人的示範作用其本身就是一件很有益的事情。還有一些人將海外工作視為一種學習機會，並且期待他們下一次的表現會更傑出，有了一次失敗的教訓之後下一次會更好。這一方面反映了美國人重視訓練和教育的觀念，另一方面當然也再次體現美式思維的未來導向。最後，我們還要提到某些維和部隊志工們推崇的一種做法：他們把海外的經歷當成他們自己與其他美國人學習國際溝通的一次良好機會。

個人成就還是社會歸屬？

實做頂多只能解釋人們日復一日的生活狀況，但美國人找出了一個主體去激勵日常中的例行活動。這個主體我們已在前文有所提及，它是一個人的個性之中最具活力的部分，它轉化為一個動機，並賦予了所有的行為一個目的。動機的概念與落實好像一座橋，把行動主體以及他的後續作為連結了起來。動機（motives）是指激發人們起身行動的起因，而動力（motivation）則闡明了美國人認為人類行為應有的方向與目的。美國人會把那些事業蒸蒸日上的人形容為雄心勃勃，或把助人為樂者說成無私奉獻。雄心和奉獻都是促使人們之所以這樣做的動機。一般來說，動力的概念對行動的意義與方向做了具體的說明，並方便人們解釋日常生活中的所作所為。我們可以這樣說，成功的人往往是因為他們知道自己想要什麼（well motivated），失敗者之所以失敗也是因為他們缺乏動力（lack motivation）。上述結論所依據的往往是這樣一種迴圈推理，一個行為證明了一個動力的存在或不存在，而動力則是導致行為的原因。在美國有關行為目的的理論可謂汗牛充棟，不可勝數，但這並無損於美國人對它的興趣。成千上萬的美國人聚集在一起舉行「自我成長座談」（motivational seminars），希望從中學到有益的動機，好讓他們在往後的人生中飛黃騰達。

美國社會對行為動力的如此關注，可能與美國的個體形象趨於空泛和模糊這一事實有密切的關係。行為的目的性有助於填補這個空虛。行為的目的是一個動態的概念，它使個體與行動相連，並讓人們相信他**是**誰由他**做**什麼來決定。生活在機械性世界中的個體倍感孤獨，他們得贏得成就來證明自我。就是這個動力，激勵了美國人並賦予美國文化一種「驅力」。[25]躁動、不安促使美國人需要不斷地證實自己，並通過成功和成就獲取認同。美國文化只用外在的表現與成績來評價與瞭解一個人，除此之外並無別的衡量尺度。也因此，所有的成就無疑都必須是個人的、可見的，且可測量的。被人們稱之為「成就」的正是基於這樣一種動機。

美國及其他國家對這種「成就動機」都進行了深入細緻的研究。在大衛．麥克萊倫[26]的研究結果中，成就動機強烈的人同時也是在決策中喜歡採取主動的人。他們樂意參加對自己的技巧與才能具有挑戰性的活動，他們通常對成功非常自信，但在成功的時機尚不可知時往往表現得過於樂觀。若有充分的資訊容許他們客觀評估成功的可能性，這些人往往能夠根據個人才幹與技能對具體情況做出理性的判斷。成功願望強烈的人（往往是企業家）被描繪為愛冒險的人。不過從該項研究中看，這一特徵還受到許多複雜的偶然性因素的影響。麥克萊倫對此做了如下結論，那些具有高度成就動機的人似乎「只有在他們的個人能力有可能扭轉結果的情況下」才樂意冒險一搏。[27]在這個結論中，問題的焦點又回到了個體及法理性的社會動力。

雖然美國人的主流行為動機是個人成就，但「社會歸屬」（ascription）在美國也作為動機的一種特殊形式而存在。社會歸屬的特點是強調身分，它所認同的是某人在團體中的角色，而不是他個人獨立的表現。例如，在新英格蘭和南方某些傳統勢力較強的地區偶爾還會發現這種情況：人們以一個人的家世背景來定義他人，或者像在軍隊裡那樣按照地位或職務來稱呼他人。這種「歸屬動機」是世界上很常見，但它與大多數美國人所追求的成就動機大相逕庭。非西方文化中的許多人極力捍衛自己既有的社會地位，這與歸屬動機相一致，並反映了禮俗社會的行為典範。在有歸屬傾向的社會中，人們不大關注那些看得見的物質上的進步，因為那並不是最重要的問題。

歸屬感強烈的人通常會被互利互惠的家族、社團、行會，與職業關係網給包圍住。這類社會關係對他們的約束力極大，而美國人相對來說則不大受此約束。例如，在越南曾有一位油漆店老闆，由於政府行為的干預他的店鋪被迫關閉，但他仍保證將會盡自己最大的能力確保員工半年內的生計。美國人不會期望他們的老闆對他們負有同樣的責任。當美國人進入某個機構或某間公司時，他們的身分仍然是自由的，保留自己去留的權利，一旦發現所做的工作與自己的目標不符則可告辭，另謀高就。但隨之而來的就是他們得接受企業的命運。企業若衰敗，個人必須自謀出路，得不到其他成員的幫助。雖然美國的失業保險及其他的社會福利政策對這種雇用制邏輯有所衝擊，但並未從根本上改變企業或個人的觀念。

在拉美許多地區盛行的「恩庇體系」（patron system）接受人與施惠者之間維持一種複雜的多

重社會關係，這種做法完全違反了美式價值。施惠者對其產業的成員來說彷彿是一位教父，作為一種義務他還會對其成員提供私人幫助和給予具體關懷，這在美國管理者中是罕見的。與那位越南商人的情況一樣，即使遇到了挫折、貧窮，或其他不測風雲，人們還是期待施惠者能承擔起更大的社會責任。

歸屬動機在如何解釋個人行動之動機、行為之目的上，也與成就動機不同。根據前者，一個人的形象地位往往取決於他所隸屬的是個什麼樣的團體，取決於他的行為是否符合其社會地位與職務所賦予他的義務、責任，以及特權。集體或社會就是個人行為動力的源泉。按照一名迦納政府官員的話來說，「我們不像美國人那麼在意個人目標。我們清楚自己的工作範圍，該做啥就做啥是了。」正如那位迦納人所說，美國管理人員的確是要考慮個人的意圖，因為美國人認為成就動機來自於個人。這種價值觀上的鴻溝經常讓美國人如墜雲霧不知所措，因為他們往往使用個人之間的衝突模式來分析機構內部的問題。對歸屬性文化的成員來說，這樣的分析可能毫無意義。在歸屬性的文化氛圍中，角色身分的混亂、團體與團體之間的長期壁壘才是可能導致衝突的主因。

成就的可測量性

在美國文化中，成就具有一種物質性含義，這導致它強調技術性與公共性，即成果應為眾人所見，並能進行客觀測量。基於這種觀點，美國在海外的技術人員與顧問認為進步主要指能夠以統計數據來呈現的技術提升。社會進步的言下之意就是學校數量的增加，而非教學品質的提高。這種只關心具體有形之成就的做法導致美國人忽略了許多更重要的問題。一件頭條新聞、在比賽中戰勝了對手、或完成了某項任務並取得了可見的成就，都會使他們感到得意洋洋。據報導，一名軍事顧問親自動手為某一部隊選擇軍帽，並最終成功地使該部隊換上了新的樣式。這是他的成就，是他結束任職前決心要達到的功績。在軍隊中、和平工作隊、及美國國際開發署，常見的有形業績就是修建公共廁所。修廁所和換軍帽一樣，成績擺在眼前，誰也不能否認。美國人到世界各地都堅持為別人修建廁所，即使當地居民已經表示拒絕使用。這說明他們熱衷於此的目的不在於廁所能帶來的衛生效果，恐怕更多的是因為修建廁所是一個有目共睹的具體成果。

正因為個人成就必須是可見、可測量的，所以美國人對別人的表揚與批評都非常敏感。除日本人之外，美國人在這方面恐怕遠勝於其他任何國家的人。他們依賴同事的意見反饋來瞭解自己究竟成就了什麼。在國外，他們比較難聽到其他人對他們表現的評價，工作也不會在一時三刻內有成果。在一個不同的文化中，想取得任何成就都會加倍地困難，也得不到同事們及時明確的肯定或指正。在海外的美國顧問、美國國內的外籍學生顧問經常不知道他們提出的建議是否奏效。鑑於顧問工作的性質就是鼓勵同事或客戶，為別人提供資訊、技巧，與判斷，他們的工作很可能不存在任何可見與具體的成績。另外，與他們共事的外國人也許具有歸屬性傾向，因而相對來說對所謂的個人成就並不十分在意。如前所述，一旦出現這種情況，美國人就會感到非常沮喪。他們往往會轉移自己的視線忘掉眼前的不愉快，把希望放在未來，或將目前的困境歸咎於他人。

競爭與隸屬

競爭是美國人在群體內部激發其成員積極性的主要方法，它對信奉個人主義和追求成功的美國人來說屢試不爽。但如果把這種競爭應用到持不同價值觀的人身上，則可能起不到任何作用，甚至產生反效果。對於那些看重面子或習慣互相依賴的人來說，他們排斥群體內部之競爭一如美國人對競爭之熱愛。因此，試圖向寮國或越南等非西方國家灌輸競爭精神，其成效往往不彰。在這些國家，親緣、地緣關係阻止了人們以某一群體成員或個人的身分超越他人。一位美國顧問對寮國人競爭意識的缺乏大惑不解，他談到：

> 我們去看他們打一場排球賽。在我們看來，這是一場比賽。我想，我們的球隊比賽，不管棒球、籃球、還是別的什麼球賽，我們都很認真地打，因為我們喜歡贏。但他們就不是這樣，他們也分成不同的球隊並互相展開比賽，但無論誰贏或誰輸他們都默不作聲，既不歡呼也不歎氣。

在日本，群體之間競爭激烈。但成員在競爭中所體驗的是一種集體凝聚力，這種凝聚力反而遏制了個人競爭。美國人有時則搞不清這兩種東西是怎樣結合在一起的。他們以為日本人個體之間的競爭也如同日本公司之間的競爭、以及日本公司在國際市場上的競爭一樣是公開進行的。由於這一誤解，他們試圖為日本工人制訂的美式鼓勵辦法、以及其他激發個人積極性的方案都以失敗收場。日本人所採取的提供某些優惠藉以激勵員工的做法更使美國人困惑不解。與美國人相反，日本人的「激勵」（incentives）是用在集體身上，而非個人。例如，日本的公司常常組織員工到溫泉或其他度假區進行「激勵性旅遊」。每個職員不僅都有這種旅遊的機會，而且要求他們必須參加。

具有歸屬導向的非西方人很重視其家庭或集體成員的身分，並通常表現出一種根深蒂固的隸屬（affiliation）傾向，對家庭和團體負有強烈的責任感，有關這一點我們已在前文針對禮俗社會的特徵做過討論。非西方人接觸非家族成員的程度遠低於一般美國人。他們在旅遊、工作、社交方面與他人的直接性接觸，或通過大眾媒介與他人的間接性接觸，都可能少於美國人。同美國人相比，他們較少自我意識，而且很少把自己作為個體進行自我分析。[28]熟識圈子之外的世界被認為充滿了危險性，貿然闖進去有可能遭受不測。據一位五〇年代在寮國對苗族人進行軍事訓練的美國顧問說，苗族人只有在他們自己的地盤才能英勇善戰。他們對外界的陌生及充滿迷信的看法，導致苗族士兵在苗族居住地之外打仗時心生恐懼，戰力銳減。但如果在苗區內打仗，他們個個都是嚴守軍紀、奮不顧身的英勇戰士。

隸屬性的特徵同時也使非西方人很少為類似國家這樣的政治實體做出承諾或奉獻。在第三世界國家，這一事實被大眾媒體對民族主義的報導所掩蓋。非西方國家的確有時表現出強烈的民族主義，但比起緊密的地緣關係則要薄弱得多。這種鄉親土親的地方意識與隸屬觀念互為表裡。如果我們以大多數美國人視自己為美國公民的眼光看待寮國人或越南人，認為他們也會意識到自己是國家一員的話，那就大錯而特錯。在許多非西方國家，地緣紐帶若是一旦又被族群紐帶給強化，政治領導人就得頭大了。他們有時不得不在彼此存有敵意的部落或氏族之間進行協調，而不能像西方國家的領導人那樣，集中精力於政府機構的管理之上。

美國社會之所以被稱為法理社會，其主要原因就是美國人的成就動機強烈而隸屬觀念相對薄弱。美國人在表達對家鄉的眷戀時也顯露某種隸屬感，但這並不意味著美國人就接受了歸屬性社會中任何關於家族、團體，和社會地位的概念，或是其中的行為規範。相反的，它只是在缺乏「相同出身和相同期望」的人當中建立一種凝聚力。[29]但是，由於美國的個人主義已開始服從於組織及群體的目標，隸屬性的價值觀可能逐漸增強。

有志者、事竟成

如前文所述，獲取外在成就是一個典型美國人主要的行為動機。這一驅力被認為成是美國經濟之所以能夠執世界之牛耳的關鍵心理因素。[30]另一方面，美國人在開發和控制一度被認為是無限寬廣的自然環境方面，也展示了無窮的熱情，這與其追求成就的渴望是一致的。儘管個人和集體都可通過功成名就和對自然環境的控制來彰顯其價值，但美國人比較接受成功僅源於自我的觀點。資源不足、他人阻撓、政府無能，乃至於時運不濟，這些都不足以構成阻礙成功的障礙。正如清教倫理所主張的，凡心有所盼且努力付出的人必將得到回報，此即所謂「有志者，事竟成」（“Where there’s a will, there is a way.”）。

從這種觀念來看，個人成就的取得與他人的成功兩者並不矛盾。美國廣袤的土地與豐饒的資源能為每個追求者提供充裕的回報——無論財富、地位，還是名望。這也是馬克思的觀點很難得到美國人擁護的原因所在。馬克思主義認為世界上有限的物資被掌握在少數人手中，而大多數人則受其剝削，所以階級衝突不可避免。美國人習慣認為失敗是因為個人缺乏決心或毅力。按照清教的倫理標準，財富是一個人蒙受上帝恩寵預選的證據。今天，這種思想仍然存在，只不過換了一種說法：有錢的人不可能沒有一點優點，否則他就不會那麼富有。

美國人對個人成功的樂觀以及一個資源富饒的世界的觀點，與世界上大部分地區流行的財富是有限的觀念形成了鮮明的對照。後者不僅主張在貧困的環境中個人的夢想與可能的成就必定受到限制，它還是產生歸屬性價值觀的重要根據，因為，既有的人際網絡與社會地位必須得維持穩定。要理解人們在這類社會中的行為表現，我們可以參考喬治．福斯特（George Foster）的觀點，他描繪出傳統農耕社會中物資是有限的想像。（農耕社會不應等同於非西方國家。農耕社會指的是人口稠密、土地有限的農業地區。）無論個人或家庭，若想獲取超出應有比例的、尤其是經濟方面的「好處」，都會受到他人的猜疑。勞作是為了糊口而不是累積財富。財富和土地一樣只能從祖先繼承。

> 財產可按各種方式進行分配與傳承，但在村民傳統的觀念中，財富是不會增長的。時間和傳統決定了每個家庭和個人應得的比例。這些比例並非固定不變，它們顯然有所起伏。但無論何時，任何村民的地位都有一個眾人皆知的原因，任何重大的變動都需要有一個解釋。[31]

同樣，一個人若要接受某一領導職位，人們便會對他的動機表示懷疑，而且：

> 他將遭受周圍的人對他的批評與指責。由於尋求乃至於接受某個官職，人們心目中的理想人物失去了他的魅力。通常，「好」人都會儘量避免承擔群體的領導責任（除了儀式性的領導），以此維護自己的聲望。[32]

歸屬性社會的人不會透過爭取政治職位的方式來獲取威望。他們互相之間不會為衣著、住宅，或飲食等物質符號而較量，也不會做出任何標新立異、驚世駭俗的舉動。為了和別人保持一致，他們大多安守本分，在行為上與地位上都低調不張揚。

儘管傳統農村的人們強調行為的齊一性（conformity），但也有屬於個人的空間。人們一旦履行完他們對家庭、社會，或習俗的義務之後，便可能獲得自我表現的充分自由。在非西方社會中，齊一性與個性其實能夠並存，只是個體是以其在群體中的身分被辨識的。然而，我們有必要明確找出個性與齊一性在每個社會中各自佔據的領域。

根據上述討論我們可以得知，創新或新科技的使用不會被認為能帶來財富，也不構成一個人的成就。在他們看來，成功是個命運問題，成功是外在因素干預的結果，它並不會瓦解群體成員之間原來的關係。樂透就是這樣一種因素，中獎的人雖然提高了自己社會地位，但並不對群體造成威脅。[33]相信樂透可以致富或期待天上掉下來的禮物的人，很難信奉勤奮、付出、節儉和創新等等美德。即便他們沒有這種觀念，他們也不見得認為有必要改善自身的處境，因為那將加重他們得承擔的義務。一名年輕的秘魯漁民拒絕將他的漁船翻修現代化的補助。他說他的錢越多，靠他接濟的親戚也就越多。[34]

成就動機的缺乏並不一定與農耕社會的社會和經濟條件相關。顯然，在那些不存在人口密集與土地限制問題的部分非西方國家，人們也同樣相信命運或運氣。例如，在巴西內地，土地的擁有不受限制，人口稀少，而且西部廣闊的土地提供了良好的商機。但是那兒的人們仍然抱著碰運氣的心態，他們不去開發資源或向西擴展，而是把心思花費在購買運動彩券上。巴西人的這種態度既不是由經濟造成的，也不完全是由社會造成的，因為同在那一地區，有的巴西人則對公民私自佔有土地（squatter's rights）的權力瞭若指掌：個人與家庭佔有土地並進行開墾，最終便可得到該土地的所有權。即使巴西人不知道西部還有大量的土地可供開墾，巴西自古即有占地的習俗，歷史上不乏先例。也就是說，至少就巴西的案例而言，即使土地不少、人口不多，個人還是有可能對成就意興闌珊。這推翻了福斯特所說的「阻礙改革的因素中，社會的成分大於心理的成分。」[35]上述例子說明，成就動機的缺乏至少部分原因是由人們對命運、自我、以及世界的看法造成的。博彩業在美國各地越來越受歡迎證實了我們先前的推測：禮俗社會的特徵正在美國社會中滋生蔓延。

集權社會的問題

在一個把個人的社會關係而非成就作為行為動力的社會，講究身分和階級地位就很重要。人們在縱向的階級金字塔中都有各自固定的位置。在某些情況下，如我們以上所見，歸屬動機通常也伴隨著自然資源有限、創造財富不容易這樣的概念，而這與這世界是肥沃富饒的美式觀念南轅北轍。因為相信人人都能享有充裕的物質資源，美國社會才會出現奢侈浪費和激烈競爭這樣的現象。大衛．波德認為世界上大部分地區，甚至歐洲都存在資源缺乏的問題，所以在那些地區人們的觀念是財富是有限的，其總量是固定不變的。[36]如果一個社會的資源不能滿足每個人的需求，如果大量的財富只集中在少數上等人手上，那就無法鼓勵人們為經濟和社會利益進行長期的（也可能是殘忍的）競爭。在這種社會裡，為了社會本身的利益，每個人的身分被強制性地綁死，社會地位是世襲的並受到政權的嚴加維護，少數的既得利益者與多數的底層大眾就這樣世世代代地固守祖業。附屬於階級的個體常常會對自己在狹小範圍內的地位產生一種滿足與驕傲。[37]在某些像日本這樣的東方國家，對整體和諧的推崇成為鞏固階級劃分的重要支柱。

盛行於經濟貧乏地區的歸屬性生活方式極易發展成一種相對固定的文化模式，人們的行為動力往往來自社會權威而不是個人。與此相反，美國文化中的權威只是一個社會問題，而與個人心理無關。在美國文化的主流模式中，權威的職能僅限於提供服務、保護個人權益、促進合作，與調節糾紛等幾個方面。當然，美國社會也存在著與主流模式相異的許多其他形式，譬如在軍隊或某些團體中也有強大的權威。但這些少數現象仍然不同於發生在許多亞洲、中東、及其他國家的情況。在那些國家，傳統上政府具有不容挑戰的權威，而人們對它唯命是從。政府成員獨攬生殺大權，政治、社會的中央集權滲透整個社會，並通過將階級、忠誠，與服從的觀念制度化而對個人產生深刻的影響。

卡爾．威特福格曾對集權社會的某些特徵做一簡略敘述。[38]由於許多非西方人對待權威的態度與美國人不同，所以這種描述也將有助於我們瞭解美國人的權威觀。我們的做法不是挑一個具有這些特徵的國家，然後拿它跟美國的模式進行對比，我們要做的是沿用威特福格在政治、社會與心理特徵方面對集權做的分析。威斯福格的評論均來自歷史的和當今的事例，並從中形成了他自己有關集權的判斷，儘管它並不能準確無誤地描繪哪一個國家的實際狀況，但它在整體上指出了世界上許多國家的共同特徵。

在多少有點專制主義的社會中，政治權力不像大部分西方國家那樣受到民間的監督。在西方，中央政府的權力歷來受到憲法、大地主、以及來自政治、文化、與政府機構的制衡。在專制政府內部，通常這類監督若非根本不存在，就是形同虛設。宗教與軍事的權力一般與國家權力沒有區別，起不到制約政府的作用。政府以外沒有任何權力中心，也不存在美國政府體制中的權力分立與制衡，因此「……造成了不受制約之權力的不膨脹」。[39]沒有監督的權力很容易流於專制、濫用、黑箱、以及不可預測性，甚至是恐怖主義與暴力統治。這種心理環境勢必造成政府官員彼此間缺乏信任、疑神疑鬼的人際關係。對官員們來說，與高層的關係至關重要。晉升管道可能與能力有關，但主要取決於個人是否忠誠、聽話。往上爬的不二法門就是「絕對而巧妙的奴顏婢膝」。[40]

在專制國家，中央政府通過警察、稅務官員以及各種政府機構確保政策的落實。社會中統治者和被統治者涇渭分明，人們害怕被捲入政治是非，且對那些所謂代表他們的人也半信半疑。[41]對於政府官員來說，不存在任何真正的競爭，人民對他們只有盡義務的份。例如，除了自身利益，緬甸政府從來就對解決社會問題或改善民生漠不關心。[42]

即使在專制國家，社會的某些部分也會處於專制權力的管轄之外。政府的權力並不包括對個人責任的規定，這點與分權政府是一樣的。只要政府的權威與稅收不受危害，政府一般不加干涉。所以家庭和村落在不同程度上享有一定的自治權。在中央集權國家中，源於禮俗社會的價值觀告訴人們，要以私人的、傳統的手段來維護社會地位。但在美國人看來，這些人對政府以及其他沒有直接人情關係的同胞的冷漠，幾乎已經到了病態的程度了。例如，碰到有人出了車禍或有人落水，人們可能見死不救，以免惹麻煩。如果對落難的人施救，那麼被救的人就與施救者有了牽連，施救者可能因此不得不對所救之人擔負責任，至少也會因此感到良心壓力。

以上針對集權社會的概述並不針對任何特定國家。（當然這其中也存在著矛盾之處。在民主國家，如美國都市人也會因為懼怕圈入是非或惹上官司，而拒絕對陌生人伸出援手。）但它為我們點出了高度中央集權化國家的某些特徵，並有助於我們理解從該政體內衍生出來的觀念問題。例如，奮發向上、改變現狀等嘗試得不到鼓勵。由於重要的社會關係均呈縱向，因而成功或變化的原動力都是由上而下。群眾很少自發地向政治領袖表達看法或意見。

集權社會的行為動機與美國有所不同。值得注意的是，因為在集權國家裡主從的個人關係被視為理所當然，所以權威者自然而然會被當作是大家共同的動力來源。相較於美國，非西方國家上級對下級的直接命令、明確指示、及私人性的要求都更易被接受，人們甚至樂意被這樣對待。非西方國家的人可能將美國人偏重溝通、勸說的領導作風視之為軟弱，把獨立自主看作利己主義和對他人的威脅。

第五章

人與社會

社會身分

社會學家們認為美國社會存在著不同的階級結構，而且每個階層都有各自的社會責任。但是大多數的美國人卻不以為然，他們喜歡將自己看作一名與他人平起平坐的中產階級成員。儘管在新英格蘭和東南部的某些地區仍然存在著階級制的殘餘，一個人在社會結構中所佔據的身分與地位可為其帶來相應的社會影響力，但就整個美國社會而言，社會背景、金錢、或權力為個人所能帶來的好處也許少於世界上任何其他主要國家。美國人對階級和社會地位不負有任何責任，他們往往通過換工作或搬家輕而易舉地從一個群體跳到另一個群體，結果導致美國人的社會生活總是萍水相逢而且只有泛泛之交。[1]在美國各階層之間，社交風格、習俗，及行為方式的差異相對來說較不顯著。美式人際關係的首要精神是既能從社交互動中獲得情感利益，同時又保持個人的獨立性而避免擔負責任。相比之下，在德國、英國、和日本，社會地位和世家身分所賦予個人的社會影響力要遠大於美國。

美國人對個人的身分地位相對不太敏感。但若與外國人士交往，這便有可能造成美國人社交上的失禮。以下是本書的作者之一在華盛頓特區的一段親身經歷。一個美國人邀請了幾名客人來她家晚宴，其中包括兩位德國人。美國人以為他倆身處異國，可能很願意結識自己的同胞。姓氏以「馮」（von）開頭的那位德國客人來自德國北部，而另外一位來自德國南部。他們在華盛頓擔任的職務及其各自的舉止言談都明白無誤地表明，他們倆人出身於德國社會的不同階層。整個晚上，這兩名德國人的互動可說是「相敬如冰」，顯得十分尷尬。

另一個事例發生在駐牙買加美國和平工作隊志工的身上，它反映了美國人對社會身分的不敏感為他們帶來的心理衝擊。一九七〇年代早期，牙買加每年會接受一些美國和平工作隊志工推行教育和社區發展計畫，很多志工都把到牙買加視為一次擺脫美國本地的種族問題、大力推動民權和人權理想的好機會。在牙買加農村工作了半年之後，他們中的許多人在態度上發生了很大的轉變，逐漸認識到牙買加是一個階級界線涇渭分明的國家。許多志工們也清楚地知道牙買加的政府工作人員十分讚賞這些美國人能同社會上各個階層的人打成一片，因為牙買加本國的田野工作者和公務員一般不與那些不屬於本階級或身分不同的人進行溝通或合作。出於對牙買加社會狀況的焦慮，一些美國人的情緒發生了嚴重的困擾，和平隊不得不聘請一位英籍心理醫生為志工們提供個人心理輔導。但是，心理醫生的諮商反而加劇了他們對於牙買加社會秩序的不安，儘管那位心理醫生的醫術和人品無可厚非。深入調查分析後發現，其中部分原因是文化上的障礙，那位英國心理醫生習慣根據社會背景解釋牙買加人的行為，在診療中他使用了「上層的」或「下層的行為」這樣的字眼。然而，把個人的行為看作社會階級的反映有悖於美國人的社會觀，這尤其激怒了那些對民權和人權滿懷熱情的年輕志工們。

平等的現實與幻覺

平等的概念貫穿美國的各種社會關係。每個人生來都具有不可低估的價值：「畢竟，大家一樣都是人」（"We're all human, after all."）。人際關係一般呈現橫向形態，交流的雙方處於平等的地位。當兩個不同階級的人之間有私人性的接觸，他們各自心底都會希望能夠彼此平等互待。因此，即便是在級別森嚴的軍隊裡，指揮官也會在談話開始前向下屬問一個私人問題或請他喝一杯咖啡。士兵往往希望軍官不炫耀自己的官職，或不對下屬施展他的權威。從士兵的角度看，一名好軍官的標誌之一就是他不擺官架子或不作威作福。在軍旅之外，人們也常常使用類似的話來稱讚那些很富有或地位與身分較高的人：「他很平易近人，不擺架子。」（"He's a regular guy—don't lord it over you."）。總之，士兵眼中的好軍官和受人尊敬的名流都對美國人所推崇的平等意識做到身體力行。

與平等相聯繫的價值觀並非到哪兒都受人歡迎。瑪格利特．米德（Margaret Mead）在談及海外工作的美國人時曾做如下評論：

> 美國人……若碰到因客觀條件所致發生職務下調的情況便往往不知所措……他們慣用的對策就是不遺餘力地穩固與他人的關係。不安的情緒常常使他們不顧及周圍的環境而試圖建立一種表面化的平等精神，如稱呼他人時一律免去姓氏而直呼其名，許多來自其他文化的

人對這種做法感到莫名其妙；或者試圖以級別分明的上下級關係，以避免個人出身或教育等其他因素導致的不平等。[2]

顯而易見，美國的價值觀賦予美國人這樣一個氣質：只有和他人平等相處才能最有效地發揮自己。美國人與不同身分的人交往常常顯得很困惑，尤其是那些擁有世襲特權身分的人。美國人的平等觀念使他們很難理解外國組織中的階級制度，因此，他們難免忽略牽涉其中的政治問題。例如，他們一般認識不到在某些組織內部成員的忠誠至關重要，它是造成某些愚蠢的行為或莫名其妙的升遷的主要原因。美國人一旦發現個人成就及平等觀念在這個社會中不受重視，他們便會手足無措，無法判斷誰才是真正的主事者或決策者。

例如，一貧如洗的貴族或清心寡欲的牧師，雖然衣衫襤褸、面黃肌瘦，在他們身上看不到絲毫成就和「成功」的跡象，但卻仍然能夠贏得別人的尊敬和忠誠。對於美國人來說，這簡直不可思議。在某些國家，如日本，令人費解的則是另外一番光景；真正的領導人是不露面的，他們是幕後的操縱者，通過那些吸引鎂光燈但卻毫無實力的傀儡，或者專事履行公共活動儀式的人物來實施他們的權力。[3]

美國人在和日本商務人士共事時，也同樣存在這方面的問題。美國人因分辨不了日本人的級別而經常在社交上出差錯。日本公司的建構仿照日本家庭，公司成員之間的關係完全沿襲家庭中的長幼尊卑模式。美國人在語言詞彙及社會心理方面都欠缺理解日本人際關係的必要基礎。美國人與人交往看重的是個人，至於他或她在公司的角色（及地位）則無關緊要。正如下面的事例所示，美國人的這種處世態度招致無數社交上的誤解與麻煩。

一名美國顧問剛剛返回東京，他離開東京已有很長一段時間。他的一位熟人鈴木先生是一家叫「日產」的日本公司的部門經理，他想與其重敘舊好。他給先前是經理的鈴木先生打了個電話，鈴木先生邀請他隨時來公司訪問。幾個星期後，恰巧碰到日本的一個節慶，美國顧問乘機突然造訪。他請人通知鈴木先生，但十餘分鐘後，到樓下接待室歡迎他的是另外一位名叫原的先生。美國人也認識原先生並對他很有好感，因此他也很高興見到原先生。原與鈴木在同一個部門工作，但比鈴木年長，級別也較高。美國顧問和原先生在咖啡店談得很愉快，談話結束前，原先生解釋說鈴木先生出差過幾天才能回來。美國顧問在同原道別時，對他的熱情接待表示了感謝，並感到兩人相見恨晚，因為他們對世界許多地方都有著共同的興趣和經歷。原先生禮貌周全地對美國顧問的訪問表示了感謝。又過了幾個星期，美國顧問同時邀請了原和鈴木以及他們的夫人參加一個招待會。兩個人都表示很高興接到請柬，但鈴木說他不知道誰將代表日產公司出席招待會，而原接受了邀請。就在招待會快要開始之前，鈴木打電話解釋說由於工作繁重他不能赴約，另外，他目前在公司的另一個部門工作，他說原將會出席。原獨自出席了招待會並帶來了鈴木送的賀卡。美國顧問回憶起多年前的一個招待會，也同時邀請了一家日本公司的兩個人，年輕的那位在招待會開始前的幾個小時送來了一個禮物，而年長的那位經理攜夫人出席了招待會。

這個例子生動地說明美國人對日本公司內部人事關係網的陌生。在那些網絡之中，任何職務都要求擔任該職務的人以及相關者在行為上必須謹守分寸、協同一致。由於鈴木比原的職位低，所以他不便將自己和原擺在同等的位置上與美國人交往。日本人期望美國人能區別對待，而美國人則忽視了這一點。美國人反而喜歡在個人情感與平等的基礎上與他人建立相互的關係。

美國的平等觀並非不加限制地被應用到現實之中。例如，儘管法律明文規定公民享有平等的權益，但平等並未全面擴及到非裔美國人或其他種族或少數族群成員身上，他們在文化上的差異遭到主流社會的汙名化，並形成不同的社會規範來對付這些族群。無論是思想開明或者保守的人（包括許多黑人自己），大都同意：

在大庭廣眾之下談論少數族群的差異是不禮貌的行為。這個社會禮節之誕生是因為在過去有一段時間裡，這類差異經常被當作少數族群較為低下的證據。[4]

這種沉默頗有助紂為虐的性質，其結果則使主流文化強加於某些少數美國文化之上的汙名得不到遏止。如果主流社會不改弦更張，學習去尊重這些文化差異，那麼美國社會對非裔美國人以及其他族群人的歧視性陋習將有可能繼續存在下去。

在那些規模宏大的經濟和政治組織中，由於階級與權力受到格外的強調，平等觀念的實施也同樣受到限制。[5]或許，此間隱含著一個這樣的觀念：儘管所有的人都被認為具有相同的權利與義務，但並非每個人都具有相同的天賦與才幹。美國人普遍相信在任何群體之中總有某些人才華出眾，頗有領導潛力，一旦時機成熟他們即會顯露自己，這就是美國文化所強調的「機會平等」（the equality of opportunity）的觀念。對個人能力差異的接受便受到這一典型美國信念的平衡。美國人通常喜歡取得個人性的成就，並期望獲得與其成就相稱的獎勵。但從歷史的角度看，並非所有的成功都得到應有的獎勵，在這些方面平等尚未得到落實。[6]由於民間與政府紛紛施壓，要求針對過去種族和社會上的歧視給予補償，美國的許多個人和組織在過去的二十年裡間多多少少修正了自己的行為，藉以掩蓋在機會和回報方面存在的不平等現象。儘管如此，作為一種理念，「機會平等」的觀念仍然深植在廣大美國人民的心中。

無論在國外或在美國國內，美國人無法理解為什麼有人不贊同平等的觀念。怎麼會有人在明白了平等的含義之後，卻不能接受？實際上，對奉行階級制的社會來說，社會關係上的平等將損害人們在社會結構中已經確立的相互關係，降低社交行為的可預期性。倘若平等觀念盛行，那就可能導致社會上的每一個人，無論其有何個人或社會特質，都會被不加區別地同等相待。許多外國人對美國人所展示的那種在待人接物上一視同仁的態度不以為然，他們不喜歡美國人的不拘禮節，害怕由此帶來社會關係的不穩定。他們偏愛生活在一個人們承認社會差異的社會裡。

許多外國人對美式平等觀的排斥並不止於表層的文化與社會現象上。馬克思・謝勒（Max Scheler）曾精闢地提出了一些與美式平等價值針鋒相對的哲學觀點。[7]謝勒聲稱，平等提供的道德價值僅僅適合那些人人，甚至是最低能的人，都能做到的事情。如果所有的人都擁有同樣的道德和天賦，那麼最低能的人所具備的道德水準就成了人人遵從的標準。[8]謝勒認為這一主張令人生厭，並提出「神聖性」（sacredness）的觀點，即一種文化價值上的活力與精神性。[9]他瞧不起美國人對實用性原則的推崇，認為這是本末倒置，目的服務於手段。謝勒的觀點適合絕對價值的信仰觀，符合貴族或特權階級的口味，而大多數美國人則認為絕對價值觀是對人性的粗暴踐踏，是一個危險的思想。由於謝勒的觀點給文化與種族優越感留下了理論的空間，所以他一直被人稱作法西斯主義者。

即便美國人在現實中並不能完全地遵從平等的觀念，但他們總將其視為值得全力以赴求的理想標竿。由此我們也可以看出，美國人會藉由一種半幻想、半現實的社會規範，賦予某種價值一個永恆的地位。這個憧憬來自於尚未實現的目標——讓每個人都享有平等的機會。每一代人都必須堅守平等的信念，尋找各自不同的道路，在社會和政治生活中實現平等，以求造福全體美國人民。

人情壓力

雖然社會活動佔據了美國人的大部分時間，但他們儘量避免對他人做出個人承諾。他們不喜歡參與別人的事務。他們會接受類似邀請或禮物這樣的社交行為並會對此表示感謝，但接受者沒有酬謝的責任。在社交中，禮尚往來確實是一種模糊的規矩，但它絕不像在其他文化中那樣成為具有正式約束力的社交義務。美國人一般喜歡在盡可能不衍生社會責任的條件下尋求他們的社交生活。美國人在迴避人情關係時的行動策略也同世界上大部分地區的規矩南轅北轍。美國人會說「謝謝你，我玩得很愉快」，而就是他或她對受邀參加宴會的一種回報，即便這樣的報答有吝嗇之嫌。在歐洲文化中，客人被期望攜帶鮮花或糖果，而在非西方社會，根據其身分的不同，受邀之人幾乎肯定要履行某種形式的回報。在美國，各付各的帳便是解決承擔社交責任的一種辦法，這對於習慣每個人輪流作東的非美國人來說恐怕十分失禮。但我們可以正確無誤地說，全世界除了美國人之外，相互之間沒有責任的人際關係絕對是一種可有可無、無關緊要的關係。像在日本這樣的國家，社交關係的基礎是相互依賴與階級化的社會結構。在這樣的社會中，美國式的率真、個性化、以及無責任的社交關係僅僅是一種裝飾性的社會現象，而非整體社會制度的骨幹。

從送禮習俗上我們很容易可以觀察到，不同文化之間每個人的相對義務的差異。美國的白人中產階級一般習慣在慶祝某人的生日、某個紀念日、或者類似聖誕節這樣的節日才給人送禮。除了這些特定場合，送禮就得注意分寸，儘量不要暴露送禮人的姓名，並且要使人感到那只是一個隨意的舉動。嚴加限制禮物的含義是為了避免使禮物兼帶太多的私人性，如被看成行賄、尋求特別的好處，或希冀酬報等。在工作單位裡，美國人往往通過在有主動興趣的人之間籌款的方式選購禮物或紀念品，從而避免顯露送禮者的姓名。其他文化的人會認為美國人饋贈禮物時採用的這種匿名手法根本與送禮行為的精神不符。假若禮物是別人信手拈來且不知饋贈者為何人的話，這個禮物對於接受者則沒有多大的意義。在印度的一些地區，沒有「謝謝」這種說法，社會習俗不要求這樣的表達方式，一個社交行為被看作是對某種義務或責任的履行，因此沒有必要做口頭上的感謝。即使這種社交行為，譬如送禮，其目的並非履行責任，表示感謝也仍然不合時宜，通過說聲謝謝來暗示社交往來的終結便使禮物失去了它的永恆價值，並且貶低了它所代表的含義。

在某些文化裡，饋贈與接受禮物的繁複習俗只不過是一種表象，它所反映的是更深層的社交責任體系。例如，在日本欠負別人的人情需要償還，這種回報有時變得很複雜，甚至會延續幾代人之久。[10]假若一個人拒絕承認或接受某種責任，或者接受了下來但卻沒有實際履行，那他將會非常丟臉。回報的行為反過來又使最初的施惠者（或他的後代）擔負起道義上的責任，如此等等，不一而足。此文化機制的根源是一種更深層的文化模式，即試圖保持別人的好意——努力「將人與人以相互依存的關係維繫在一起」。[11]我們在美式社會關係的表層之下挖掘到的是神聖不可侵犯的個體，而在許多非西方文化中進行類似的探索時，所找到的往往是一張人際關係網絡。

有兩種主要的人情關係的變異方式值得一提。在美國軍隊裡，人際互動的模式在許多方面都不像典型的美國中產階級那樣隱匿、平淡。由於軍官們有機會在世界各地駐防，他們有時會碰到曾經同在別處一起工作過的其他軍官，彼此之間常常由此建立起牢固的友誼，這種友誼通常會延伸到他們家庭中的每個成員。另外，在這些關係中期望回報的傾向十分明確，儘管大部分美國人通常對要求他人回報並沒有形成一個清晰的概念。當然這不是說在軍隊中的人對每一項社交行為都得做出明確的回報，而是他們會期望通過回報來保持相互之間的緊密性。這些非正式的社交成規可能源自刻板的軍隊體制，並受到特定的社交風氣的影響。美國軍隊中所展現出來的歸屬性特徵以及禮俗社會的成分，都大於一般美國的主流文化。

另外一種美國主流社會關係模式的主要變形存在於某些種族和少數族群之中。當一個群體感到自己的語言、族群、種族，甚至習俗與傳統都飽受他人的蔑視，該群體的成員便會倚賴禮俗社會中團結、親密的人際聯繫。隸屬關係的社會動力為許多非裔及拉丁裔的少數族群提供了保護，為其成員提供了歸屬感和認同感，彌補了他們在政治上、社會上的劣勢。

少數族群的隸屬性更可以從其對「知恩圖報」的強調中窺見，他們遠比美國白人主流文化更強調報恩的重要。例如，參加跨文化研討會的非裔美國人往往會做這樣的表述，「你應當為你的朋友做任何事。如果他需要錢，你應傾囊相助。如果他身陷困境，哪怕去到天涯海角也要搭救他」。從阿拉伯人以及其他來自非西方社會並具隸屬性文化背景的人身上，也可以聽到此類對友誼忠貞不渝的說法。他們這樣講固然可能只是一種誇示，而不是在陳述自己的觀點，然而，這的確傳達了美國白人群體中不多見的一種社會情操。

正面交鋒

美國人遇到問題喜歡追根究底，亦即面對真相、正視問題、表明各方的立場，並掌握絕對可靠的資訊情報（"straight from the horse's mouth"）。與此相得益彰的另一個被美國人推崇的作風就是直接面對人，即與人「正面交鋒」（confrontation）。與當事人進行面對面的交鋒並不表示對當事人充滿敵意，正面交鋒的含義是想讓別人瞭解自己的真實感情，希望別人也能以誠相待，並能直接與當事人本人打交道。採取這樣的互動策略需要在社交關係上保持某種臨時性的中立，以便能讓事實的真相彰顯出來。為了揭示客觀真相，讓各方能夠清楚的表達自己的需求和目的進而使矛盾得以解決，人們慣常的社交手腕在此得讓位給坦承二字。

在美國，正面交鋒的社會準則被兩個條件加以限制。其一，美國人認為人與人之間有必要保持整體上的友好關係，尤其當涉及的問題主要是在公共層面上。發生爭吵的雙方照樣能在大型的會議或社交聚會上碰面，平時見面也能相互打招呼問候。處在同樣的情況下，歐洲人，特別是法國人和德國人，很可能會使矛盾激化，發生衝突。其二，在美國的政治和社會生活中有一套攔阻衝突升高的辦法。一旦衝突有可能不可收拾，美國人會設法壓制、轉移目標、或乾脆徹底否認，並訴諸於美國的意識形態。早在五〇年代民權運動的萌芽期，美國的社會和政治思想就開始對多元社會的觀點進行辯論，認為不同的族群的存在是發展強大自由經濟的有利因素。那些批評美國社會體質的言論，尤其對少數族群或其政治人物的攻擊，都被冠上「種族主義」和「偏見」這樣的標籤而被壓制了下來。結果，對社會、種族，及政治不滿的憤怒情緒竟波及到社會和政治爭論的領域之外。最近幾年，因為美國的政治人物及商界領袖們一直拒絕誠實面對美國工業體系存在的結構性弱點，在美國與日本的貿易談判中又出現掩蓋真相、訴諸意識形態的惡習。且不論那些問題究竟是不是我們的弱點，但當時的意識形態妨礙了我們正視問題的客觀態度卻是不可否認的。

日本人在人際互動上的拐彎抹角與美式的正面交鋒形成強烈對比。佛雷德里克・赫爾斯（Frederick Hulse）分析說，「日本文化中有很多元素純屬隨意性很強的習俗，就像我們規定在馬路上要從右邊超車一樣，人們必須遵守這些規矩，而那些人們應當真心相信的客觀真理，相對來說則無關緊要。」[12]在日本人之間甚至對該看什麼和不該看什麼都有規矩，「許多到過日本旅行的人都指出，在主人沒有裝扮妥當之前，賓客是不能夠看他們的」。[13]日本人對精湛圓融的社交技巧頗為欣賞，並譏笑那些令朋友尷尬的笨拙行為。

日本社會中的某些溝通策略進一步的鞏固了他們的間接性的互動模式，我們在美式的直接性交流互動中就找不到類似的範例。瀧衫木・萊伯拉羅列了八條約定俗成的溝通策略，用來保護互動雙方的「面子」或避免他們在互動中蒙受羞辱。「仲介溝通法」要求透過第三者將措辭審慎的訊息捎給對方。美國人肯定會覺得這一技巧既使沒有虛偽的嫌疑，也是多此一舉。使美國人感到更加無可適從的是「折射溝通法」，即把要對某人講的話，當著他的面說給另一個人聽。有時，日本人似乎僅以作為他人的「代表」的身分與人打交道，例如日本商人將自己扮演成他人特使的角色，而在不經意中偷偷表述自己的看法，或者他會讓類似筆記或日記之物故意落入對方之手，達到「自我溝通法」的作用。「信函聯繫」也同樣是為了避免令人不愉快的互動在當事人面前發生。這個策略常見於婉拒或其他敏感問題的商業交流之中，但也可能發生在私人之間。幾乎在所有的情況下，日本式的非直接溝通均以低調與「委婉」作為其特徵，二者都可以說是一種「期待式溝通法」。所謂期待式溝通法是指期待對方聽出未明言的弦外之音。最後一條是「儀式主義」，這也是美國人最可能遇到的情境，這一策略被用來應付那些難以預料的場面，比如和外國人打交道時可能發生的尷尬或衝突。[14]

上述日本間接性溝通策略的許多方面在其他非西方文化中也不乏案例。例如，泰國的商業活動常常通過一個第三方進行。本書的作者之一曾在特魯克與他所在學校的校長發生了長達一年之久的爭執，但在這期間出面與他接觸的從來不是校長，而是校長的弟弟。此外，倘若發生需要面對面的協調，人們往往採用儀式主義的對策。在這樣的場合裡，每個人對談判各方的矛盾與主張都心知肚明，但大家都表現出一副若無其事的樣子。間接性溝通的一個共同特點就是它們能為雙方保留彈性空間，即使敗下陣來也能保存臉面。儘管美國文化整合了某些間接性的互動模式作為對正面交鋒這一主流模式的輔助，但並未將「面子」的概念囊括在內，因此美國人極易低估間接溝通的重要性。

無論在國內或在國外，正面交鋒的做法經常造成美國人與外國學生及外國同事之間的摩擦，並危及到與他們的跨文化交流。美國直接面對人的風格在本質上是基於這樣一個觀念：對手雙方可以相互競爭，但只要仍能遵守規範人際衝突的禮數，就還是可以相互合作。美國人在談到人際互動時所使用的語言常帶著對抗與衝突性，而且是去人格化的（depersonalization）。人們往往把他們自己視為主體，而把交往的對象當作客體。借用彈道學的語言，社交客體可被稱作「鎖定目標」（target audience）。一句直接了當的話，譬如說一個針對性的問題，會被人稱為「尖銳的問題」（bullet question），意味著它像子彈一樣傷人。儘管有時外國人會對美國人引以自豪的正面交鋒的溝通方式感到羨慕，但他們經常感到這種直接性的溝通過於粗暴，破壞了其他文化在人與人的互動中比較流行的周到、客氣的方式。

不拘形式與繁文縟節

美式正面交鋒的對抗性風格也表現在他們待人接物的不拘形式之中。例如，美國人談話往往直接注視對方的眼睛，談話人之間的目光交流體現了美國人對於隨意、自然，與平等的信念。如果一個人目光飄忽不定、迴避與人對視，美國人就會覺得此人心懷鬼胎，肯定有假。然而在許多國家，直視他人甚至被禁止。在那些國家人們之間存在著階級的關係，因此目光低垂和側視說明一個人的身分較低或表示他的謙卑。直接的目光接觸顯示了美國人不拘形式的自然天性，也為美國人建立一種既友好又不排除敵對狀態的人際關係奠定了良好的基礎。

美國人在交談中對彼此的寒暄問候常顯得十分簡短，以致於往往看似敷衍了事，他們喜歡單刀直入，直接挑明自己的觀點。美國人在應對進退中很少有能展現各自的社會地位的形式化禮儀。在美國留學的外國學生對美國人的這些作風常常感到不知所措。在國外，美國人不受拘束、大刺刺的行徑常常給人粗魯的印象，並可能在無意間使外國同事蒙受羞辱或令他們無所適從。我們在許多其他文化中所見到的那些措辭華麗的語言、複雜的稱謂方式，以及充滿禮儀性的舉止，正好是那些文化的社會結構的寫照。如若美國人未能遵守這些規矩，他們的行為就是對階級社會人際關係秩序的擾亂。一般美國大眾往往視規矩、格調、及儀式為誇耀和傲慢的表現。而在其他文化中，這些要素為人們提供了預先瞭解他人行為的社會脈絡。這一功能在日本人那裡顯得尤為突出，日本人如果不知道對方的身分是絕不會與其交談的。由於日語要求具體的語言形式來表示談話人之間的不同關係，所以有關身分的資訊不僅有助於他們採用得體的社交形式，而且對他們確定使用什麼樣的語言也十分重要。

前面討論過的平等觀念也與美國人的不拘禮節息息相關。美國人傾向於對所有的人都使用相同的稱謂，他們剛剛結識一個人就會立即免去姓氏而直呼其名，他們相信一視同仁是對人根本上的尊重。美國人若與某人建立了比泛泛之交更深一層的感情，他們也很難找到適合的表達方式，因為雙方一開始就以輕鬆、友好的方式展開互動。結果，原本期望個性化的待人方式卻因人人相等而最終失去了個性。不加區別的對待他人也就意味著與所有的人都保持相等的距離，甚至連對待敵人也可採用一種勉力為之的友誼，這與對待老相識的行為並無明顯的差別。

美國人缺乏差異性的交往模式有時會令外國人十分惱怒。美國人習慣在餐館與女服務生或者在其他地方與陌生人隨便聊天，歐洲人和亞洲人對此則不無鄙視之意。美國社會的這種表面平等的現象體現了美國社會關係的特徵，對於歸屬性較濃厚的社會來說，它無疑顛覆了它們的核心精神：各個角色之間的明確差異。與此同時，在那些人際關係較為拘謹僵化的國家，人們又往往對美國人率性而為的風格表示羨慕。這種自相矛盾的心情被英國劇作家湯姆．斯托帕德（Tom Stoppard）反映在他的劇作《髒麻衣與新大陸》（*Dirty Linen and New-Found-Land*）之中，請看這一段話：

> 非常傳統的伯納德對狂熱崇拜美國的亞瑟說：「當然，美國人是很進步。但是，他們也同樣口無遮攔，胸無城府，不講究禮節。他們以為別人都和他們一個樣，無視別人的身分地位、教育背景。他們心直口快，講起話來滔滔不絕。他們夜郎自大，對自己的一切都不知

羞恥地自吹自擂。他們總是最先把手放進自己的口袋裡的人。剛認識不久，他們就會逼迫你去他們家中作客。無論在哪兒，他們都表現得放肆輕佻，滿懷抱負並自信得過了頭。除了這些，我對美國人一點反感也沒有。」[15]

君子之交淡如水

儘管美國人擁有許多無拘無束的朋友關係，但真正建立起能相互扶持、深刻而長久的友誼卻少之又少。原則上，自發性、相互間的吸引，以及彼此的好感是美式友誼的基礎所在。人們對朋友是有選擇的。他們同時也結交他們的社交或工作圈子之外的朋友，對美國人來說，在交友上保持個人主動性是很重要的。在某些國家，一個人的朋友圈與其社會職責不可分割，而美國的情形則與此不同。例如，在日本，除了大學同學之間由於多年的相處而發展成朋友之外，幾乎沒有任何游離於社會責任之外的友誼存在。美國人注重選擇，相信友誼是自然發生的，並依賴個人的感覺，這種交友模式與日本人的完全不同。日本人之間的友誼包含了諸多的責任、義務，以及禮節性的互動。

美國人的這種普遍友好但卻表面化的關係在「死黨」（best friend）這個稱謂上倒有點例外。所謂「死黨」常常會是某人在高中或大學期間認識的朋友，這種友誼有可能延續幾十年甚至一輩子，但維繫它的不是相互之間互惠性的禮尚往來，而更多是基於懷舊和感傷的情愫。美國人對「死黨」的定義甚至也和美國人交友方式的輕鬆隨意遙相呼應。

對於美國人，朋友既可指一面之緣的過客，也可指生死之交。友誼的建立和朋友關係的維繫都得靠是不是有能夠攜手共同參與的活動。所以，美國人結交朋友一般都因「工作、孩子、或政治觀點相投的緣故，往往發生在慈善活動、體育比賽，在一起用餐和飲酒等等各種場合」。[16]不同類別的朋友圈子通常不會有交集，因此，辦公室裡的友情不會對娛樂活動的朋友關係產生干擾。在休閒的朋友圈子裡甚至還有更具體的分門別類，例如，某些人是「打保齡球的朋友」，另一些人是「滑雪的朋友」。簡單說，只有共同參與類似活動或事件的人，或是分享共同興趣或理念的人，才能在彼此之間建立起友情來。美國人的這些交友模式，特別是對朋友的種類劃分，並不意味著美國人對人缺乏信任，只是說明了美國人不願與他人交往過深的處世態度。在處於某些人生逆境時，外國人可能求助於朋友，從朋友那兒得到幫助、支持、與安慰，但美國人則去尋求專業人士的幫助，而不想給他們的朋友帶來麻煩。儘管如此，美國人有時也會請求朋友給予一種幾乎是「治療性」的幫助。

在遇到憂鬱、煩躁等心理症狀時，美國人常常去諮詢專業人士，而後者很可能會建議他們「走出去見見人」、「交幾個新朋友」。[17]這種利用朋友的實用主義觀點也許同戴爾・卡內基（Dale Carnegie）關於如何「贏得朋友和左右他人」的忠告相差無幾。然而，從朋友那兒獲得的利益在此不是經濟上的，而是心理上的。羅伯．貝拉（Robert Bellah）等人在一篇批評美國社會的法理式行為動力之侷限性的作品中，對這個現象做了如下評論：

我們為改善自己的健康狀況而結交朋友，但那些朋友是否真的好到可以增進我們心身健康的地步？心理療法的流行語言本質上非常的個人主義化，以致於即使當我們發現「自足」這個概念有所缺陷時，也很難想像還有什麼能夠替代它。只有在很少的情況下我們才聽到心理治療師們偶爾悄悄地承認「社群」並不只是由一群追求自我的個人組合起來的集合體，它不是像「單親家長找個伴」等社團那樣，一旦參加的成員找到了新伴侶就可以棄之不顧的那種功能性治療團體。「社群」是人們可以在其中建立起個人身分的一個環境，它是一個人人可以彼此對話，且一個有清楚自我意識的人能夠參與其中，並有所貢獻的地方。[18]

從這段話裡我們可以感覺到精神上孤獨的美國人，他們的感情處在饑渴狀態，急於尋求親密的人際關係。

按照艾德蒙．葛蘭所說，俄國人恰好與美國人相反，他們期望朋友之間關係密切並且認為「對友情應當忠誠不渝，對朋友應當敞開心胸，無話不講……。」[19]美國人往往將友誼侷限在共同興趣方面，而俄國人則「傾向於對整個人都欣然接受。」法國人在結交朋友上的風格與俄國人頗有相似之處。

他們也具有經營長久關係的傾向，人們通常期望家庭之間能夠建立起世代相傳的友誼。美國人甚至在朋友的圈子內都相互競爭，但法國人卻與俄國人的觀點相同，他們認為朋友應該和睦相處。在美國人看來，在競爭中合作，在合作中競爭是再自然不過的事，但對於那些接受我們調查的法國人和俄國人來說，那簡直是不可思議。[20]

美國人和俄國人的交友模式雖然互相對立，但卻都具備內在的一致性。然而，法國人的風格則矛盾百出，其原因是他們要求從友誼中同時得到不同的東西，如既想保持自己的隱私與獨立，又要擁有長久而緊密的關係。而當這些彼此格格不入的責任發生矛盾，甚至引起雙方的關係破裂時，他們會通過一種法國式的調解方式（*brouille*）來使雙方言歸於好：

> 友誼中斷了，但卻沒有徹底決裂，倆人雖然互相不講話但都希望有可能和解，如果發生類似家人去世這樣重大的不幸事件，他們會一如既往地前去幫助對方。倘若美國人朋友之間出現同樣的矛盾，他們一般會悄然分手，而俄國人則用狂風暴雨般的爭吵，想一次把問題弄個水落石出。[21]

俄國人和法國人對待友情的方式反映了他們願意承擔對他人負有的責任，在這一點上美國人則有所不同。美國人通常不肯過深地捲入朋友的個人事務或為朋友擔負任何責任，他們比較喜歡與朋友保持較淺的關係。

由於朋友間相互承擔義務的文化模式通常只出現在隸屬性的社會之中，所以在西方以外許多這樣的國家，朋友關係的形式具有得更加細緻的區別。人們只能在某些階層的人之中結交朋友，而不是以個人的興趣和活動為基礎。異性往往最易被排除在朋友圈子之外，例如，阿拉伯的男性一般都不會結交女性朋友，他們和婦女的關係僅處於家庭、婚姻、及性的層次。與美國人的習慣做法不同，非西方國家的朋友關係通常不包括各自的父母，而且人們避免與那些社會身分和自己不同的人交朋友。

我們要談的最後一點是，非西方人一般不像在美國人中常見的那樣，會把自己的朋友介紹給別人。非西方人的朋友之間較易產生嫉妒心，朋友關係被嚴加保護，以免由於他人的介入而失去自己的朋友，或使原有的友誼被沖淡。正如福斯特所說，對於大部分拉丁美洲人（以及大部分世界上其他地方的人），真正的友誼被視為極難獲取的稀有商品。正因為如此，當美國人宣稱，「這個週末我認識了一個新朋友」，驚訝的神情便會掛在許多外國人的臉上。[22]

個性化和去個性化

每種文化都為人們提供各種方法讓他們感到自己富於獨一無二的人性，也就是說富於個性，即使對那些偏離這個社會之主流的成員也不例外。但是被某一文化的成員認為有個性的元素，在另一文化的人看來則不盡然。在每一個社會，「個性化」（personalization）總是與該社會的價值觀、社會規範，以及個體對於自我的概念相輔相成。美國生活中對待他人的個性化方式包括使用一個人的名而非姓、知道其老家所在等生平細節、瞭解其行為方式、外在表現、個人喜好，以及對事物的態度等等。推銷員與航空公司工作人員的行為就是這種個性化待人的典型體現。愉快的笑容、簡短的問候、無害的隱私冒犯、開玩笑，和談論各自的軼事趣聞構成了個性化行為的社會規範。從非嚴格的意義上講，它的思想基礎就是美國文化強調的成就、平等，及個人主義。在這個社會規範之中，個體的行動受到重視，人們也是以他人的所作所為來評價彼此。

每個文化對於個性化都有各自不同的理解。美國人認為只有和參與者本人發生直接關聯的事物才具有「個性」，即使所涉及的僅僅為表面現象。不同的是，印度人在討論某個話題時表現出的個人熱情和投入程度遠勝於他們談論某位同事，這同美國人的做法恰好相反。在美國的一所大學進行訓練的一組印度人在談論印度政府公務員問題時的措辭相當情感化，但當話題轉到組裡成員之間的關係時，討論則變得十分抽象和理智，不帶任何感情色彩。後來，一名口才流利的組員提議說，他們不應把討論降低到你議論我、我議論你「諸如此類」的無聊話題上，而應另選別的能讓他們彼此吐露心聲的問題作為題目。這番話說明了這樣一個事實：對印度人來說，個性（personalism）這個概念與人們對問題的看法相關，而與人際關係無關。美國人在歐洲很可能會遇到這種個性化的待人方式，歐洲人「認識你」的最初談話幾乎絕對地抽象，正像一位歐洲人說的，「假如你不知道一個人在重大問題上的看法，那你如何能夠真正地瞭解他呢？」

儘管美國人一般把自己看成一個獨特的個體，具有他人無法真正瞭解的內在自我，但他們通常卻不把其他人當作一個完整、獨特的個體來看，而是一個其他非個性化範疇的體現。在美國文化裡，每個自我與所有其他人之間存在著一個巨大的鴻溝。也因此，大部分美國人在社會關係上表現得較少偏見，較為客觀。他們能夠平等地看待每一個人，且忽視每一個人之間個人特色上的差異。在世界上大多數的非西方地區，社會關係的主要分野多半橫亙於個人的社會網絡，如家庭或公司，與其他所有的社會網絡之間。這個分野賦予了大部分的人際關係一種私人性，由此導致了日本企業家長式的慈愛，產生了由拉丁美洲的政治首領（*caudillo*）們所展示的極富性格魅力的領導權，並且造成了盛行於非西方世界的裙帶關係的弊病。而在美國，平等的工作關係、公正的領導，以及用人唯才的聘任方式才受到人們的推崇。美國人認為非西方人在這些方面的做法並不可取，因為在美國人習慣於去個性化行為的地方，他們採用的是個性化的互動關係。

美國人的個性化方式在某種程度上是象徵性的。通過個性化，個體得以暫時性地脫離美式社會關係要求的齊一性，但這種超脫有其侷限。美國人向來樂意接受社會生活和工作所要求的統一標準（uniformities），因此他們一方面保持著象徵性的個性化外表，一方面又變得缺乏個性。美國人的個性化，如強調個人積極性、個人的愛好及選擇，僅僅是個表象，美國文化對客觀性的強調促使美國人消除其個性。這一模式在非西方文化中正好被倒轉了過來：強調齊一性的表象掩蓋了禮俗社會中根深蒂固的個性化實質。在國外的美國人常把這種表面上的齊一性混同為去個性化，從而造成人際關係中的困惑。另外，美國人期望個性化的行為如在美國那樣能贏得他人的信任與善意。他們對人們所表現的不信任和懷疑感到費解，他們不瞭解在西方文化中不同群體的成員之間往往缺乏信任且相互猜疑。

美國人的去個性化行為，以及成功和平等的價值觀，共同促進了美國人的競爭精神，使競爭成為美國社會互動關係的一種模式。正如我們所見，每個參與者都把自己看作是他人的競爭對手，每個人都在與他人的互動之中努力達到自己的個人目標。這種傾向在美國男人之間的人際關係中尤其明顯，脫口而出的玩笑和戲謔、直言不諱的忠告、機敏的應答，以及「好心的建議」都成了相互競爭的巧妙形式。誰說得話最好笑，誰就能在同伴中「成為贏家」（"one up"），除非另外又有人講出了更好的笑話，或以某種方式扭轉了競爭的局面從而取代他的地位。

儘管在美國人看來人與人交往中的巧妙競爭是無害的，但對於那些隸屬傾向較強的外國人來說，這樣的言行舉止有時感覺起來近乎霸凌、恐嚇。[23]美國白人，鑑於自身對非裔美國人的某些語言行為方式的瞭解，對這種解釋並不感到陌生。黑人之間競爭性的口頭攻擊比白人更為普遍。[24]如互相羞辱、口頭威脅這類「鬥嘴」被某些黑人視為一種藝術。然而，按照美國白人的習慣，對某人進行口頭威脅就意味著確已有此打算。湯瑪士・科赫曼（Thomas Kochman）在評論由於這種文化差異而屢屢引起的誤解時，這樣講到：

白人應當懂得，黑人言語行為中的激烈措辭本身並不表示挑釁或恐嚇……黑人自己也應當知道他們講的話對白人會產生什麼樣的效果……[25]

事實上，與許多其他文化的人相比，無論是美國黑人還是白人，他們的言語行為都顯得太過激烈，因此在與外國人的交往之中，二者都應記取科赫曼對我們的告誡。

合作與「公平競爭」

美國人的競爭是在相互合作的基礎上進行的，這是因為競爭力需要個人之間以及群體之間良好的配合與協調。合作中求競爭的能力是美國人的特長，海外的顧問和經理們把它當作看家本領，他們在外面往往要扮演觸媒的角色，引導他人齊心協力的合作。美國人能夠既競爭又合作，這點十分為人稱道。而他們能做到這一點的原因之一，就是他們不會將自己全心全意地交付給哪一個群體或組織。他們在與他人合作的同時追求著自己個人的目標，而那些與他們合作的其他人同樣也在努力實現著屬於自己的目標。美國人一般能夠接受群體的目標，但如果他們個人的期望得不到實現，那他們就會毫不猶豫地離開這個單位而加入其他群體。將團體身分與個人目標相分離的做法可以使個人在需要攜手合作時，能夠根據群體其他成員的目標來調整自己的目標。對於美國人，這種妥協非常務實，他們可借此獲取單靠他們自己無法獲取的利益。合作是為了行動的便利，它並不意味著美國人放棄了自己的原則，事實上，他們只不過是在遵循美國文化的另一個主流價值觀，即實做而已。為完成某事而與人合作的重要性遠大於同事之間的人際關係。

時間的緊迫和完成任務的重要性經常促使懷疑群體原則或反對群體目標的那些人暫時捐棄成見、互相配合。正如第四章所述，人們往往因某項工作迫在眉睫而呼籲將有關問題留待日後解決，並以此克服群體內部的個人意見分歧。通常會出現這樣的呼籲：「大家得先完成這個任務，然後才有空考慮這些其他的問題」。每個人都被期望根據共同的行動目標進行自我調整，其方式類似於「各付各的帳」（Dutch treat）。

美國人的這種合作與組織能力在其他文化，甚至在其他的西方文化中也不多見。例如，法國人就不像美國人那樣能欣然接受讓步。他們要嘛什麼行動也不採取，要嘛每個人都按自己的辦法輪流試一遍，好像輪流坐莊一般。對於拉丁美洲人來說，使自己的目標遷就集體的需要，或者為完成某項工作進行必要的調整都是非常困難的事情，因為那就意味著對原則的妥協。許多非洲人也同樣不願輕易放棄自己的觀點。

在現實世界中，美國人對法理社會行為動力的傾向往往與他們的個人主義相衝突。在團體合作中非做不可的讓步可能損害其他的價值觀、原則、或宗旨。美國人為確保自己做出的調整與妥協沒有超出應有的範圍，他們十分重視達成某項集體決議時所使用的手段。例如，在一個正式的團體中，他們往往對會議議程、表決程序這類問題格外關注，藉此為個人權利爭取某種形式上的保障。美國人相信「正當程序」（due process）建立起來的基本框架，它讓參與其中的各方能夠透過理性溝通達成對所有人都公平有利的妥協方案。拉丁美洲人的觀點則與此不同，在他們看來建立議事程序或群體內的規章手續是為了避免爭端。他們解決分歧的邏輯是訴諸於人的尊嚴、榮譽，或其他道德原則。拉丁美洲人的這種抽象的人本主義與美國人的工具技術主義形成鮮明的對照。

美國人的公平觀不僅僅體現在對程序的關注，也不只存在於正式的組織之中，它具有更深遠的其他影響。「公平競爭」（fair play）之類的社會規範就是常見的一項。公平競爭的宗旨不在於遵循遊戲規則，如那些「……將對方的弱點計算在內……」的規則，[26]而更多地是指人們在使用這些遊戲規則時，應當兼顧競爭雙方的相對力量，從而確保強勢的一方不能運用規則擊敗弱者。這一點是美國人對英國式公平競爭概念的修改，它既起到在人際關係中進行仲裁的作用，又發揮激勵人心的功效。對自己應得的權益，美國人會努力爭取，但他們同時也關心其他人是否得到公平的待遇。美國人不喜歡主動挑起事端，他們如若發覺自己比對手強大，他們一般不會主動攻擊對方。對於美國人，能夠說「惹事的是他們，但當然我們會奉陪到底」才無愧於心。

美國人與其他文化的成員在如何對待他人的弱點上常有不同的態度，這點常常引起雙方的誤解。美國人無法理解其他文化中有權有勢的人蓄意、無情地欺壓弱小的一方。反過來看，公平競爭的概念對於其他人也可能顯得十分愚蠢和虛偽，而且在某些語言中，根本無法翻譯。[27]

被愛的需要

美國人通常不會全心全意地投入與他人的關係之中，他們往往以某些活動的共事者或參與者的身分與人交往。正如我們所瞭解的那樣，他們為了滿足自己的需要——例如友情或「心理健康」——四處尋覓建立人際關係，而他人也為了各自的需要與之為伴。從這種工具性角度來看，美國人關心的其實是他人的「反應」。他們會設法揣測言語和行為在他人身上產生的效果，然後根據自己的需求，引導別人做出自己想要的反應。美國人對他人的注重不同於某些亞洲人表現出的那種關注，怕因同伴說錯話或做錯某事致使大家跟著丟臉。在亞洲人眼裡，他人是一個完整的存在體，即使他可能是個無足輕重的人。對於美國人，每個他人都被看成是對自己言行舉止的反應的一個集合體，只是有的惹人厭，有的討人歡心。美國人對個人交際手腕的強調，以及對自己能否被人喜愛的關注，也都反映了美國人對於他人的這種獨特的認知模式。

在國外，美國人對被愛的渴求經常給他們造成工作上的困難，一旦被迫擔當某種不受歡迎的職務，他們就很難繼續推展工作計畫。用一名英國人類學家的話來說，友誼與關愛是

> 美國人的必需品。他貪得無厭地渴求它們，倘若那次它們未能如期所至，便會疑竇頓生，痛苦地思慮也許自己不受人喜歡——那可不是個小失敗。[28]

美國人樂於相信全世界的人民都會喜愛他們，而且他們樂於到其他國家去實現自己的期望。美國國際開發署的計畫以及其他援外工作有時會在某些國家被取消，因為他們「不領情」。一旦感到自己「不被需要」，和平工作隊的志工們就會從某些地區撤離。美國遊客們喜歡選擇那些待人「友好」的地方去旅遊。美國的少數族群或移民如果對「美式生活」表示強烈的不滿，常常會被請回他們原來的國家。顯然，美國人對他人的尊重是建立在自己被他人喜愛的基礎之上。[29]

與人熱情的握手、欣然一笑、拍拍肩膀及其他表示友誼的外在標識，構成了美國人生活的一個部分。美國人的生活中一旦失去了這些能證明友誼或人緣的表達，他們便會惶惶不安，反應十分強烈，就好像維護個人自信的必要條件遭到了剝奪。人際關係上的成功往往是個人成功的必要條件，美國人傾向於以受人歡迎的程度來衡量他們所取得的個人或社會性成就，且幾乎完全視其受歡迎的人數多寡來決定。但是，受人喜愛並不表示非得反過來喜歡他人，被他人喜歡或愛戴僅僅意味這個人值得別人喜愛而已，並無須對他人負有義務。擁有良好的人緣和友情可說是在人際關係上經營的很成功，但二者都不意味著天長地久的關係。

社會角色的專業化

在此之前我們對美國文化中社會關係的討論都是以個人為出發點，但當我們對「社會角色」（social roles）加以考慮時，這個視角便會倒轉過來。文化利用社會角色這個機制，將個體作為一個有用的成員整合進社會之中，個人則接受與這個角色相應的社會期望及行為方式，而這兩點都以角色的個人和社會特性，以及其具體參與的活動的條件為基礎。

美國的中產階級一般把家庭角色與工作角色區別開來。當人們離家上班時，與家庭相聯繫的行為及態度就被拋到了一邊。在工作單位，個體被期望能明確區分公、私分野。工作本身也有職業角色的劃分，在美國文化中，特定的職能與問題均由專業的人士來處理。線上作業員與技術人員、工人與管理階層之間都有功能上的根本差異，其他各種專業化的職能也都是根據這一基本的角色劃分衍生和擴展的。因此，「工作說明」（job description）成為建立適當的分工所必須的有效手段。可想而知，角色專業化在軍隊和政府這等高度官僚化的機構中尤其盛行。

如前所述，美國人這種人際關係和職業角色的二分相當不同於我們在其他文化中所見的模式。在隸屬性較為濃厚的社會，如拉丁美洲和亞洲的部分國家，人情關係延伸到了企業。經理應瞭解員工的個人私生活，並且在需要的時候會自己慷慨解囊援助他們。在拉丁美洲的機構體系中，領導與下屬界線鮮明，但作業員與技術人員之間的區別則比較模糊。機構內的任何人都能糾結一幫有共同利益的成員與當權者競爭，導致機構內權力渙散，並使自己成為權力的中心。由於所有的職責都被授予了領導者，因此權力不能夠委託給他人。上述各種狀態不僅符合隸屬性的文化導向，同時也符合他們關於人是一個完整的統一體的觀念，限定個人在工作中的角色顯然與此相悖。

在海外工作的美國人若碰到職責不明、缺乏具體分工的情況便感到左右為難。他們往往搞不清楚管理的模式，他們提出將計畫與經營分開的建議也遭到人們的抵制。對於美國人來說，專業分工就意味著效率，因此當我們聽到海外的美國人抱怨當地機構的效率不彰便不足為怪了。然而，試圖把美式專業化分工強加於隸屬性文化的種種做法絕少奏效。海外的顧問和經理們倒是應當隨時調整自己的觀點以入境隨俗，嘗試兩種相互交叉的機構體制，或者形成另一種不同的模式，在新的體制中讓不同職務的人可以相互融合。

在社會領域也同樣存在美式角色專業化的趨向。與隸屬性文化中的情形大相逕庭，一個人的社會角色往往與其地位無關，而是由其能力（function）來決定。這種傾向在病人的身上得到了戲劇性的鮮明反映。在美國文化中，病人的角色竟然也變得非常專業化，以致於病人在社會上毫無作用可言。如果生了病的人沒有倒下，人們便會誇獎他們沒有讓疾病影響工作。如果病人在家裡養病，親戚和朋友將會前去進行簡短的看望，聊表關心，他們會忠告病人「快點好」（以便能恢復其工作能力），然後告辭。當生了病的人被送進醫院，他們就變成一個「病例」或病人，他們的生活便被醫院非常不人性化的程序所控制，與活潑熱鬧的主流生活隔斷了聯繫。疾患將病人界定為身體出了故障的人，需要客觀的，因此非人性化的對待，所以人一旦生病他們作為社會有用之人的角色就遭到了剝奪。

美國社會中生病的人失去其社會角色的現象可追溯到美國文化對疾病的理解。儘管美國的心理學家從人們的疾病裡找出了許多社會性因素，但普通的美國人一旦患了病，如果醫生對他或她的症狀能找出確切的生理原因，那就感到如釋重負，鬆了一口氣。病人得到了保證，他或她的病症不是幻想出來的，而是真實具體的存在，所以有希望通過服用一些藥片或打針便可解決問題。美國人一般認為疾病完全是由於生理上的機能障礙所造成的，這個觀點與他們把自己看成受生物需求驅動的物質性存在非常一致。而那些生物性的需求不可能通過社會得到滿足，因此，美國人關於人性及認同的觀念必然包含了激進的個人主義精神。這裡隱含著一種達爾文主義的思想，只有適應力最強的人才能在社會中佔據一席之位。一個人生了病，從定義上講，便喪失了適應力。他們對社會不再有用，因而不配再擁有社會的角色。

美式個人主義的根源在於滿足人的基本需求，它與另一種更為常見的文化觀念非常不同，即人本質上是一種社會的產物。在具有社會導向性的文化中，疾病更常被解釋成一種社會狀態，生病的人在社會上反而受到尊重。以下的案例來自哥倫比亞北部地方的一個名叫艾瑞塔瑪（Aritama）的小山村，那裡居住著美斯蒂索人（mestizos）[30]，他們對疾病的看法與美國人有雲泥之別。

在這些哥倫比亞的美斯蒂索人之間，疾病的預防和控制基本上取決於社會性因素。對艾瑞塔瑪村大多數的村民們來說，疾病的根源來自「鄰人」的敵意。確切地說，「鄰人」可以是妻子、孩子、親戚、朋友，或者其他關係不太親密的人。人們生活在恐懼的陰影之中，害怕招致鄰人的無情的嫉恨而使自己身染疾患，雖然疾病被認為是由「風」和「氣」所致，但人們總是相信巫術才是患病的真正原因。[31]村子裡人人自危，充滿了焦慮。在這樣的氣氛中，人們最懼怕的反倒不是疾病本身，而是疾病所代表的含義——鄰人的惡意。假如有人生了病，每個人頭腦中想到的第一個問題就是：這個病是誰引起的。

在艾瑞塔瑪村，體格健康的人是不受人歡迎的，他們是危險人物。公開承認自己身體健康就是對村子裡的生活秩序進行挑戰，抱怨和誇大任何膿包、咳嗽或噴嚏的對身體的危害則更能夠被人們所接受，在艾瑞塔瑪，證明自己是一名善良無害的社區成員的最好途徑就是遭受痛苦與折磨。[32]

如果健康的人成了危險人物，那麼病人的角色勢必受人敬重。在艾瑞塔瑪村，情況確實如此，病人在村裡的社交界享有崇高地位。生了病的人可以不履行他的義務，可以向過去的敵人言歸於好，還可以理所當然地接受他人的惠施與關愛，他們只要說一聲「我病了」就能避免承擔任何社會責任。而且，沒有人對這話的真假表示質疑。即使在講話人的身上看不出任何患病的症狀，也不能懷疑人家是否真的有病，否則就是對人家自尊和人格的侮辱，犯下了不可饒恕的錯誤。一個人一旦申明自己患了病，那他就被歸於一個特殊範疇，進入了另外一個經驗、行動及認知的層次：

> 病人絕對是純潔善良的，生病幾乎是件「神聖」的事，那是因為支配萬物的力量參與了進來——這些力量利用他來顯示它們的威力並使他成為犧牲品。[33]

其他一些社會對待病人的態度雖然沒有像艾瑞塔瑪村這麼極端化，但也同樣也在社會上為疾病保留了一席之地，病人可以享有不同尋常的待遇，並被看成是一個社會人（social being）而加以關照。例如，在義大利的某些地區一旦有人生病，病人就像催化劑一樣往往能將家人和朋友團結在一起，甚至還會舉辦一些與某人的疾病相關的社交活動，假如籌畫的活動尚未舉行病人就已經痊癒，人們將會感到失望。疾病常常被認為具有社會、倫理，及魔術的含義，病患可能是對祖先或親戚所犯罪惡的抵償。在日本，所有身體疾病的診斷在習慣上都自然而然地考慮到病人的社會關係環境。

美國人有時也相信疾病是社會性因素導致的，但會有意識地壓抑這種觀念制，且剝去了其巫術及社會意義，這類病通常被稱為「心身症」（psychosomatic）或與壓力相關的疾病。在美國，殘障人士的社會角色變得越來越活躍，儘管這種轉變似乎更多地反映了公平競爭的觀念，而不是人們改變了對疾病的看法。雖然殘障得到社會的支援，能夠繼續揮灑其人生，但年長的人卻依舊常常因老化而困守家中，嚴重地限制了他們的社會角色。美國人把衰老看作是逐漸地失去功用的過程，這便不難理解為什麼隨著年齡的增長，基於功用性的社會角色就會變得越來越侷限。

疾病導致美國人失去其社會角色的這個現象，也與美式個人主義及其對自我控制的強調相契合。根據美國文化的觀念，個體對疾病具有一定的控制能力。按當下時興的風氣，這種控制即指運動、飲食、以及體檢等預防疾病發生的措施。根據某些對健康持整體性觀點的人來看，疾病的真正原因是個人不健康的意識狀態。因為，個體在某種程度上就是疾病的潛在主體，向疾病屈服其實就是失去自我控制的能力，所以這個人便被暫時擯棄於社會之外，喪失其功用的角色。

第六章

世界是什麼？

對美國人來說，人類是無與倫比的，人擁有一個任何其他生命所不具備的特性：靈魂。正因為物質世界中的其他生物沒有靈魂，所以它們被看成是物質的和機械的。西方的科學技術將人類提升到一個獨立的層面，站立在那個高度之上人類進行著對生存環境的觀察和操縱。這個觀念在西方的語言和思想上均有體現。

在許多文化中，人類只不過是花花世界當中的一種生命形態，與其他的生命僅僅存在程度上的差別。大自然不僅有生命，而且還有靈性，動物以及那些無生命的物體都擁有自己的實在本質。在非西方世界的某些地區，人與植物、岩石、河流，及山川之間沒有任何界線之分。某些印度人和佛教徒們相信生命本身就是一個周而復始的循環過程。靈魂則以無限變化的形式存在於其中，在某一輪迴中靈魂投生成男人或女人的身體。在另一輪裡它又投生成另外一種形態，也許變成了一隻動物，或者一隻昆蟲。[1]

美國人對人性所做的單純而務實的詮釋，與印度人關於世界和人性的博大精深的思想建構截然不同。具有三千多年悠長歷史的印度傳統將宗教和哲學糅合在一起，表達了一種對無限與不可知境界的神往，以及對宇宙萬物的敬畏。日常生活裡最細微的瑣事都受到宗教的制約。[2]印度人不飼養食用牛便是一個好例子，因為牛是神聖之物，甚至連植物的耕作也會引發宗教問題。這類與自然的友善行為不大可能發生在美國人的身上，因為美國人認為他們與動物和植物不同。

雖然基督教是以人性本惡這條教義為其根基，但大多數美國人卻不將這放在心上。他們更普遍的看法是人是善與惡的混合體，或為環境和經驗的產物。強調人的「改變的力量」則是更具代表性的美式觀點。「現代美國宗教一般傾向一種獨特的至善論（perfectionism）和樂觀主義」，[3]這反映了人們對人性可臻完美的基本信仰。人是能夠變好的。其次，達到人性的完美既可仰賴傳統的宗教信仰，也可通過理性的手段來實現。有史以來或許從沒有另一個社會像美國人這樣堅信教育具有改善人的能力。人可以趨於完美並可不斷進步的信念超越了基督教的原罪教義。事實上原罪說更多地是在告誡人們改變自己的必要，而不是宣判一切都命中注定。人類能夠改變和完善自己，而且他們有責任這樣做。美國文化的潛在主體受到經驗的影響，超越了自己的形象，變成了改造和控制客觀環境的理性人。

自然的征服者

美國歷史中最重要的舞台不是社會或文明領域，也不是在與其他民族的互動上，而是發生在人與自然之間。[4]新大陸的發現重新點燃了歐洲的傳統信念，即在歐洲西邊的某個地方有一個人間樂園。首批探險者帶回歐洲的消息被殖民鼓吹者們大肆渲染，他們把新大陸描繪成一個遍地財寶、氣候宜人，如同鮮花盛開的美麗伊甸園。[5]然而，事與願違，新大陸的早期移民根本沒有見著什麼人間樂園，他們所遭遇的那種「荒蕪」、「凄涼」、與「駭人」的荒蠻景象遠遠地超過了歐洲人對於「曠野」的想像力：滿是叢山峻嶺、沙漠沼澤，間或有一小塊屯墾區，四周幾百里之內卻杳無人跡。[6]

到達新大陸的拓荒者們的第一個要務就是確保食物供應無虞，他們想盡一切辦法能儘快地得到收穫，根本不去考慮是否會耗盡土地的資源。[7]生存的問題一旦能得以解決，生活的艱辛促使拓荒者們不再向偏遠的荒蠻林區進展。拓荒者們對這種荒蠻之地充滿了敵意，他們使用軍事上的比喻討論文明的降臨。

有關開拓時期的無數日記、講演及回憶錄都把荒野描繪成要被拓荒部隊征服、戰勝和消滅的「敵人」……人與荒野勢不兩立、進行你死我活的纏鬥的畫面令人難以忘懷。修建科羅拉多河大壩系統的宣導者們在五〇年代提到要地球屈服、要荒漠投降是人類永恆的任務。與此同時，甘迺迪總統在他一九六一的就職演說中激勵我們去征服沙漠。[8]

在拓荒者的眼裡，淒涼的荒漠就是他們的敵人。但早期的荒漠形象到了十九世紀卻被部分地替換成了一種浪漫的想像，這是因為拓荒者的子孫們及城市居民沒有實際經歷過拓荒時期的艱辛，而是站在遠方瞭望的結果。[9]然而，人與自然相分離的觀念卻被保留了下來，並至今仍深深地扎根在人們心中。在西方傳統中，人與自然的分割以及對荒漠的偏見有著悠長的歷史，古希臘哲學家畢達哥拉斯（Pythagoras）把人類的思維從物質世界中分離出來，於是為以科學和量化的方法歸納物質現象以及神秘主義奠定了基礎。在東方，中國人和日本人都讚頌大自然中的原始之美，保持著一種與自然更為親和的傳統，人類只是物質世界的另一種存在形態，而非它的對立面。

在美國，自然與物質世界應當受人控制並服務於人的觀念蔚為主流。[10]控制物質世界的欲望也許在任何其他主要的社會裡都不會成為一種主流的思想觀念，但美國人在這方面展現出一種令人驚嘆、有時甚至近乎魯莽的衝動。這種精神可從工程師對待世界的態度中看得最清楚：它以科學技術為基礎，但卻能在社會工程學、人力資源管理等社會領域發揮作用。通過對客觀世界的征服，美國人得以在妥善控制的環境中世世代代安居樂業。支配物質世界的自然律似乎已被人類掌握，並創造了可觀的物質財富。正是在這個意義上，自然服從於人類的意志。

除此之外，在世界上對於人與自然的關係還存在其他種種不同的看法。這些觀念在美國僅作為主流自然觀的變體而存在，但在許多非西方文化中則成為主流思想。在亞洲的大部分地區，強調所有的生命形態及無生命物體的和諧與統一是相當普遍的觀點。這種協調與整體的觀念在日本的傳統建築中得到了精湛的表現。房屋與廟宇的形狀和線條、環繞四周的花園，看上去就好像自然環境和人工建築渾然一體，讓人的視線具有連貫性，很容易從一個環境過渡到另一個環境，而不會像美國建築物那樣，一進一出，使人產生明顯的斷裂感。一般來說，美國的建築是用來主宰周圍環境的。

在天人合一為主導觀念的文化中，人與自然世界的關係是細微而深奧的，這與美國人控制客觀世界的觀念形成了鮮明對照。日本哲學家角田柳作認為，歷史的現實存在（actuality）由主體與環境構成。[11]環境（世界）塑造主體（人），反過來，主體也塑造環境。角田顯然認為歷史的現實存在就是環境與主體之間辯證過程的結果。他形容說，西方文化大致上正在從環境向主體轉移，這種移動將在環境中產生一個「重心」，按照我們的說法，就是自然與物質世界將成為文化和歷史的關注焦點。與此相反，東方文化也許被認為是從主體向環境轉移，用我們的話來說，主體本身被忽略並變成了環境，即物質世界的一部分。日本文化的這個面向代表了貫穿東方文化的一條共同思想，其精神主旨就是要使事物與人類活動成為一體，使主體與世界合而為一。[12]

西方與美國的自然觀催生了我們對世界的客觀認識，以及科學技術的發展。與此相對的自然觀則發揮在亞洲的藝術與宗教裡。然而，東方的主觀主義並沒有妨礙西方式的科學與技術的發展，日本工業的崛起就是一個明證。角田認為推動日本發展的動力是日本人所具備的另外一個特性：與人和睦相處以及接納外來影響。另外，正如我們在前文中所談的那樣，日本人的知覺是具體的。與印度人不同，這一點使得日本人的思維能從普遍的原則轉向一個特定的事件。按照角田所說，日本人對待事物的這種具體態度影響了個人的情感世界，並將他們「從被建構的存在變成了建構者」。[13]雖然通常西方人將人與物質世界的分離與控制自然的欲望看成是技術進步的必要條件，但是角田的分析表明西方人的這些假定可以被更具統一性的人與自然的觀念所替代，天人合一的自然觀與其他的文化特點相結合也同樣能夠為技術發展提供必要的基礎。

並非世界上所有的文化都認同人類若非對物質世界採取主宰控制的態度，就是追求與自然的統一和諧。也有一些人對他們的生存環境採取宿命論的態度，對它感到無能為力。哥倫比亞的美斯蒂索人認為自然界充滿了危險並且因精靈所附，萬物都具有生命：

太陽、月亮和星星、風和雨、熱和冷、光線和影子，全都會對人的身體和頭腦產生傷害力。河邊的涼風或岩石上的熱氣或荒野間的小徑都是危險的，某些樹木的蔭涼或森林中的沼澤也都一樣令人害怕。危險在自然界裡滿目皆是，試圖找出原因或制伏它們則會被看成是愚蠢的行為。[14]

對自然持宿命論的態度並不全都因為泛靈論的緣故。印度恆河的入海口每年一發水災都有千百人被淹死。那裡的人們似乎把這個現象看成生活中無法改變的事實，只好聽天由命。如果人們在大自然面前表現得無助無奈，他們往往也會以同樣的態度對待社會及政治的秩序。我們可以說，抱有上述觀點的人，還有世界上許多仍然生活在貧困當中的社會，人類還是屈服於自然環境的腳下。[15]

物質主義與私有財產

美國人注重物質條件，受此影響，他們在國外幾乎千篇一律地以美國的物質生活標準來衡量當地社會。在他們看來舒適的物質享受與健康是頭等重要的事情，這使得美國人總想改善當地的物質條件及衛生設施——如修建廁所和打預防針——但都很難立竿見影，那些預期的受益者們看不到任何跡象可以證明這些措施能有效地促進健康。事實上，美國人在衛生預防措施方面所顯示的熱忱，主要是來自於他們的文化觀念，而不是真的看見什麼顯著的成效。斷定某一衛生措施是否有效，往往需要長期的精準觀察和連續性的測量。

美國人發明機器的聰明才智與物質享受息息相關，他們利用機器改善日常生活中的效率和便利。美國人對機器的信念與熱愛也被他們帶到了國外，美國顧問和技術人員都有一個明確的概念：他們的任務就是關於機械的使用問題。美國工廠的機械產品被大量地運送到海外，並把它們交給不懂操作技術或缺乏維修零件的操作者手裡，因此機器很快就被閒置。一般來說，美國人認為機器能為手頭的工作提供便利的想法並沒有錯，問題在於他們常常忽略了這樣一個事實：美式科技包括兩個不可分割的部分，一是美國的機器，二是對機器之操作與維修的文化態度。在後者未被接受的情況下，前者的出口肯定不足以成功。

美國人對物質條件的重視與私有財產神聖不可侵犯的信念也有關連。美國人的這個價值觀通常被認為是美國憲法與美國民主思想的根基所在。私有財產不可侵犯的觀念在美國深得人心，但它同時也常常引起美國人與其他國家的公民或政府機構之間的糾紛和摩擦，有時甚至會影響到最高層的政府關係。美國與拉丁美洲國家之間的關係經常因為私有財產的問題而變得十分緊張。通常，美國公民的私有財產一旦受到威脅便構成了政府介入或動用武力的充分理由，一九六四年巴拿馬發生的暴亂就對這種行為及由此引發的對抗提供了一個實例。根據報紙報導，美國武裝部隊是在暴徒威脅到了美國公民的私有財產時才開的火。另外，美國與拉丁美洲國家之間的談判內容常常涉及對美國的指責，由於美國過分強調保護私有財產從而造成拉丁美洲人喪失他們的人權。[16]這些國家的政府有時會因故徵收美國公民乃至本國人的私有財產，以美國人的觀點來看，政府並未給予私人合理的解釋或公平的賠償。

有時，受到共產主義的威脅也會成為美國干涉他國的理由，私有財產的價值觀也是美國人恐懼共產主義的部分原因。無論美國人的財產是否受到威脅，美國人對世界上任何人的自由經濟權（建立在私有財產概念之上的經濟體系）遭到剝奪都會產生反感。美國人把自由經濟視為不可剝奪的個人權利，值得為此而戰，即使這種威脅發生在千里之外。所以，來自越南、中國、及尼加拉瓜有關壓制自由經濟的報導使美國人確信有必要進一步支持政府的行動，對這些國家實行經濟制裁。關於這一點，值得我們注意的是，七〇年代美中邦交的正常化常伴隨著許多關於某種程度的自由主義市場經濟正在那個國家逐漸恢復的新聞消息。在美國報刊上，這一類的新聞永遠都能佔據大量的版面，被連篇累牘地加以報導。

在人與人的互動上，如果和美國人打交道的非西方人在私有財產與公有財產之間沒有明確的界線，那麼美國人就要傷腦筋了。在密克羅尼西亞群島，人們有個通行的觀念，所有的財產幾乎都是公共財產，也就是說，誰都可以使用。美國和平工作隊志工以及在當地定居的美國人有時感到不勝其擾。衣服和手電筒之類的個人用品常常跑到了別人手中，成了公用品。美國人可能會對這種明目張膽的「偷竊」行為感到十分憤慨，但密克羅尼西亞人卻認為這不過是將某樣東西與眾人分享罷了，倘若問到他們，他們會高高興興地把物品還回來。從大的方面來看，美國人對賄賂政府官員和其他徇私舞弊的做法深感厭惡。在許多文化中，將公共財產占為己有是伴隨著個人社會地位的提高而獲得的一種相應權利。儘管這種做法在他們國內經常引起人們的爭議，但公款私用的行為往往因為一個人的政治職位而被正當化。私人財產與公共財產之間根本沒有一個明確的界線。

美國人將物質上的富裕和舒適幾乎視為一種個人權利。他們希望擁有便捷的交通（最好乘坐由自己控制的交通工具），各種各樣衛生且利於健康的食品，以及舒適的住所裝置了許多節省勞力的器械，當然少不了中央空調與熱水供應。政府應確保食物與藥品達到人們可接受的標準，所有的公民和機構都要遵守相應的公眾衛生措施，因為他們的行為將對公眾衛生與健康產生影響。與物質享受及健康的觀念相關的是美國人對於清潔的態度，在他們眼裡，清潔若非「聖潔」，也至少等同於健康。

美國人對於舒適生活與享受的愛好也愛屋及烏，投射到別人身上。他們相信無論任何人假若給予機會都會和美國人一樣樂於追求物質上的幸福。所以他們會惴惴不安地看到拉丁美洲富麗堂皇的教堂矗立在貧民區之中、佛教僧侶靜思打坐的身旁環繞著面黃肌瘦的人們、豪華酒店門外的人行道上棲息著無家可歸的流浪漢，以及世界上其他地區窮人們饑寒交迫、轉死溝壑的畫面。他們認為這正是由於人們拒絕美國價值觀而崇拜沒有實用意義的美學、宗教、或宿命論的結果。無可置疑，世界上大多數人都渴望得到某種程度的物質享受，但對於它的分配與獲取的方式則不能完全按照美式價值觀進行衡量。

進步與技術主義

物質性財產及幸福這兩個價值觀在美國生活中的融合促成了美國人對「進步」（progress）的看法，並留下了深遠的影響。表面上看，追求進步似乎是普世價值。全世界各地人民都希望得到基本的物質享受，擁有必要的物質財產，享受良好的衛生醫療服務以降低生育、疾病、殘疾、與死亡帶來的痛苦。不僅科學和技術都是為了推動社會整體的進步，進步還常常被當作政治口號來使用，例如，*progresso*（葡萄牙文的進步）成為文字圖案組合出現在巴西的國旗上。但是，如果我們透過進步這個詞的表層含義，並暫時放下其口號式的政治概念，就會發現美式的進步概念在世界上並不被人廣為接受。在某些地方人們對它的態度是又愛又恨，某些地的人一無所知，而且在某些非西方世界還可能遭到居民的抵制。在伊朗及某些伊斯蘭國家，西方式的進步被看成是對傳統生活方式的威脅，並引起了劇烈的對抗。

這些敵對情緒所針對的不是進步本身，而是美國人對於進步的主張。在美國人看來，一個理性的人應與自然分離，相對地獨立於其所處的社會秩序，並生活在一個客觀的世界，而經濟狀況是衡量好壞的最終標準。基於上述觀念，大多數美國人往往相信世界的根本問題在於經濟，並認為技術可以提供解決的途徑。近幾年，美國在海外未完工的工程計畫如同古文明的考古廢墟一樣遍佈第三世界，過分倚重技術而忽略政治與社會的因素至少構成美國在世界各地發展計畫失敗的部分原因。有些人認為，第三世界以及包括美國在內的某些西方國家中的經濟與社會狀況不但沒有進步，反而有所倒退。技術在社會與經濟發展中究竟起著什麼樣的作用尚不明確，所以，我們有必要對進步的概念做進一步的分析。

與進步的思想交織在一起的人本主義產生於啟蒙運動時期，當時正值美國歷史上推翻英國殖民統治，繼而建立美利堅合眾國的偉大時代。那個時期卓越的思想家們都是理性主義者與人本主義者，他們拒絕接受原本基督教關於人性本惡的觀念，即人是在罪惡之中出生、成長，和死亡的。在他們的眼中，人是可以臻於至善的，人的歷史是由低級向高級文明不斷進化的過程，從「野蠻人」的原始生活發展到了展現卓越高度文明的歐洲生活方式。（唯盧梭持反對的意見，他的聲音是發自荒野的呼喊，推崇自然並且發展出一種深奧的原始崇拜。）文明成為人類完善自己的工具，人類被認為是他們自己命運的創造者。

從建國初期開始，技術在許多美國人的心目中就等同於創造美好事物的工具。新英格蘭岩石遍佈的貧瘠土壤、怒濤澎湃的河流、望之無際的土地，以及層巒疊嶂的高山，使得早期的美國人若想要建設開發這個國家就非得征服自然不可。在當時人與自然的搏鬥中，人手十分短缺，為了儘快地扭轉惡劣的生活條件，早期開拓者們把技術當成幫助他們控制客觀世界的一種手段。技術的使用似乎與人性的完善以及理性主義的進步觀念十分契合。

到了十九世紀，地質學、生物學、植物學，和人類學領域的科學家們開始對人類與自然發展史進行更加認真的觀察。達爾文提出了他的生物進化論，且很快被改造為社會達爾文主義。進步是社會達爾文主義的核心思想，文化進化論反映的也是這一概念。對於這些思想，美國人不僅欣然接納，而且熱愛以社會政治標準來衡量進步的程度，比如，民主發展、個人權利，以及個體生存條件的改善等等。這些根深蒂固的美式價值導致了美國人的種族中心主義，對有效的跨文化交流造成難以逾越的障礙。

雖然把累積性的技術發展當作是衡量進步的唯一標準並不是每個人都可以接受的，但我們也很難找到某個有力的論點完全反對把技術與科學當作進步的準繩。[17]總之，美國人在技術體現行為這一方面可能比世界任何民族都表現得更加熱忱和投入。從十八世紀創建了世界上第一條生產線開始，美國人便孜孜不倦地探索如何藉由技術的創新與控制來簡化、標準化工作程序。這種對技術的高度關注被我們稱之為「技術主義」（technicsim）。

英國人經常在兩條或更多條路交叉的路口設置環狀的「繞行路線」（roundabouts）以控制交

通，此作法就是和技術主義相對立的一個很好的案例。所謂繞行路線就是要求車輛駕駛者在進入或離開環形路，以及在環形路內變換車道時，須小心謹慎地做出正確的判斷。美國的交通雖然也實行繞行路線的管理，但卻從未像在英國那樣廣受歡迎。美國的環形路上佈滿了紅綠燈或停車標誌，車輛駕駛者無須像在英國那樣自己判斷行車路線，他們只要簡單地遵循「停」與「行」的交通標誌就可以了。換言之，美國駕駛的操作得到了簡化。美國人在訓練課程、工作內容解說、管理方法的研究和應用上，以及在對打字機、自排汽車、健身器材的使用說明上，也都體現了相同的觀念。儘管上述所有的發明與創造並非太稀罕，它們在世界上許多國家都被廣為應用，但美國社會中技術主義的高度發展能令所有國家都難望其項背。

美國人關於進步的概念除了注重技術主義之外，還強調事實、邏輯分析，及實際結果的重要性。這種看問題的方式使經驗有了主觀與客觀之分，它構成了科學思維的一個至關重要的概念。因為所有的描述都必須是客觀的，因此所有原先單一、獨立的具體現象，都被簡化為普世原則下的眾多個別案例。[18]對經驗的主觀性描述，如靈感、夢境、以及特殊意識狀態下的其他感受，在美國文化中不具影響力。與此相反，在馬來西亞的塞諾族（Senoi）的文化中，釋夢在日常生活裡佔據了重要的位置。[19]在某些美洲土著文化中，人們常常相信特殊意識狀態下所獲得的啟示。然而，美國主流社會的大多數美國人對這一類的經驗則不予重視，或至多將它們歸入「靈性成長」範疇。雖然美國人十分讚賞每個人獨一無二的創意點子，但更令他們執著的卻是理性技術主義，而不擔心兩者之間可能的矛盾。

美國人衡量進步的另一個標準就是個人與社會習俗和儀式的脫節。在禮俗社會中，習俗與儀式常被用來向人們灌輸個人應該附屬於社會的觀念，並藉以維護傳統社會秩序。美國人關於進步的概念也包括否定對「人生的重大生理性事件過分著迷」的傳統觀念。[20]人生的每個階段——嬰兒、童年、青少年、成人、老年——都有它獨特的品質。在禮俗社會中，個體的發展通常被其家庭的社會地位所制約。而且，人生的一個階段向另一個階段的轉換受到群體儀式的協助或慶賀。例如，青春期被當作是個體接受社會控制、並開始履行其義務的重要階段。在某些社會男孩子的成年禮要經受嚴峻的生理與心理的磨難。在這樣的社會中，婚姻和死亡也同樣受到集體的巨大關注。美國文化在許多方面都提供了一種截然不同的對照，一個人的出生條件並非決定性因素，一個具有自立能力的人應該能夠克服自己身上的不利條件；人生各成長階段的轉換不須受到過多的關注，人們對此持隨意的態度，更無人把它看作行使社會控制力的機會。

美國人認為成功來自個人的努力、能力，及創意。失敗不能歸咎於生理的因素，疲勞、健康、或情緒的週期性變化等應由個體自己控制，他或她在做計畫時就應將它們考慮進去。與此相反，法國人覺得疲勞是個較易接受的理由。對於日本人，生病往往可以解除自己的承諾，而巴西人及許多其他國家的人似乎比美國人更關注情緒的因素，他們有時藉口心情不好替自己開脫責任。美國人對能力與技術的看重可以被解釋成技術主義的表現，同時也為個人主義做了一個詮釋。在美國人看來，個人的成績好壞並不取決於生活的環境，而是其能力與努力的必然結果。疾病及生活中的其他條件可能對一個人的工作狀況產生影響，但絕不會成為支配性和決定性的因素。

從個體和心理的角度解釋進步被美國人看得很重，這是理解美國人的進步觀時很重要的一點。美國人認為社會的進步是由個體的成功努力所構成，因此他們覺得進步這個概念不能以其他字眼來解釋，如社會發展或政治變遷等。美國人對這種解釋的反對，往往造成他們與認同這類說法的其他民族，如法國人和日本人，在合作及溝通上的種種困難。

美國人對未來普遍樂觀的態度也是美式進步觀不可分割的部分。大多數美國人都這樣認為：只要努力奮鬥，人人都能擁有一個更加美好的未來。而且，個人的成功並不會減少他人的幸福和進步。美國是一個經濟發達、資源豐富、幅員遼闊的國家，生活在這個國家的人民堅定的相信每個人都能獲得充裕的物質需求。在美國人的眼裡，世界是廣闊的，這個觀點又一次與前文有關成就的討論中曾提到過的福斯特關於「有限利益觀」（the image of the Limited Good）的思想形成了對照。

> 我所說的「有限利益觀」主要是指這裡農民的行為大致都循著一種模式，而反映出來的思維是：在農民的眼裡，在他們的整個社會、經濟、和自然的生活環境中，所有那些人生渴

望的東西不但數量有限，而且永遠供不應求，它們包括土地、健康、友誼、愛情、威嚴、榮耀、尊敬、身分、權勢、平安等等……上述這些以及其他許多的「利益」不僅數量有限，更糟糕的是農民手上不具備增加可利用數量的能力。所有其他渴望得到的事物就好比人口密集地區匱乏的土地那樣，永遠不夠分配。「利益」就如同土地一樣被當作與生俱來的東西，必要時可被分割和再分割，但卻不能增加和擴大。[21]

而美國人對未來的美好想像正好是建立與以上思維背道而馳的觀點上——「無限利益論」。只有所有的人都能無限制地得到可利用的好處，個體才能進步，亦即，人們在為自己爭取更多資源的同時，不必擔心會剝奪他人的同等權利。

進步與時間概念

「線性時間觀」（lineal time）也是構成美式進步價值的根本要素之一。進步與這樣的觀念相聯繫：時間就像一條從源頭不斷奔流入海的河流。線性的時間觀使時間得以劃分為過去、現在、和未來。來自過去的時間之流，在當下中略微緩行，但卻飛快向未來奔馳。美國人不僅意識到跟上它的步伐的重要性（"Keeping up with the times."），而且還要向前看（"Keeping an eye on the future."）。這種順流而下的時間導向應當被視為「可見的未來。」（對商界人士來說，六個月或一年是較為合理的預計期，規劃遙遠的將來通常被看成是不切實際的舉動。）

美國人的線性時間觀念，尤其是他們對籌畫遙遠未來所持的遲疑態度，與其心理狀態彼此對應。當下可與知覺相等，過去可以等同於記憶，但是至今尚未發現任何類似的大腦機能使人能對未來進行監控。現在導向和過去導向都可以順理成章地找到它們的依據，但未來卻似乎只是一個文化上的虛構。時間在人們的心理體驗上更像是一種片段而非流動，當下的知覺與過去渾然一體地聯繫在一起，而記憶是對知覺未能捕捉到的事物的一種重新建構。關於線性時間與未來的觀念，以及美國人對於可見的未來的重視，都有利於一種理性的世界觀。由於人們能夠區別時間的不同時刻，發現其中的次序，能夠指出某一時刻的事物到另一時刻的事物之間的關係，因此能將進行中的事物看作「因」，將隨之而來的事物看作「果」。這種因果相襲的觀點常常與對事物的單向度描述結合在一起，從而導致了美國人喜歡以單一的因果次序解釋事物，例如：「湯姆之所以成功是因為他的功課很好。」或者「甲公司應該成為獲得該項合約的最佳合作公司，畢竟，在過去的五年中甲公司的利潤一直在不斷地增長。」線性時間觀與歐幾里德空間觀的結合增強了美國人的信念，他們堅信個體有能力控制環境，並能「引起」（cause）社會的進步。儘管這樣的說法顯得過於簡單化。

無論線性時間的概念還是美國式投射未來的看法都不是放之四海皆準的思想。在某些人的眼裡，時間與大自然中周而復始的四季變化相關，是循環的。如果我們對印度的印度教思想加以認真的審視，就會發現循環的概念遠遠超越了四季的交替，甚至也超越了誕生、生命、及死亡的根本性輪迴，它展現的是無限與抽象宇宙的一種永無止境的循環。[22]

中國人也把時間看成是循環的，但中國人的時間觀通常卻達不到西方和印度所具備的那種抽象性。[23]中國人的傳統時間觀本質上主要是從現在出發，向過去和將來的擴展，人佔據了時間的中心位置。時間的每一輪循環或週期都不是抽象的，它們與一連串具有統一性事物的起始和終止相吻合，具有明確的界線。此外，時間的關係與空間的關係沒有實質上的區別：一個事件（或一個物體）可能與它之前或之後的某事發生關聯，但它們之間卻不一定就是因果的關係。事實上，中式時間觀無法賦予中國人諸如美式時間觀所賦予美國人那樣的時間概念，因此也缺乏解釋和預測事物的理性手段。中國人表現了一種較強的「情境中心性」（situation - centeredness），他們對某一具體情況的解釋往往依據和它同時發生的其他因素。在他們看來，某些事物本來就是相依相隨，牽一髮而動全身。這樣一種時間觀使中國人傾向於與環境相合而非控制環境，適應情境而非改變情境。毛澤東曾試圖對這些傳統的心態加以變革，他的嘗試究竟成功與否尚可質疑。

具有諷刺意義的是，線性的時間觀取代四季交替的循環概念，以及未來概念的誕生，似乎與人類對於歷史的概念同時發生。古希伯萊人可能最早懂得通過對過去的事件及歷史人物的思考，來創造當下的事物。一旦擺脫了循環的鎖鍊，希伯萊人便設想了一幅有關未來的景象。這與他們在政治上受到的壓迫不無關係。他們開始相信上帝將會把他們從苦難中解救出來，並在時候到了之際讓他們自己擁有一個獨立的國家。有關未來的思想被基督教徒們所採納，他們將上帝的時間轉換成了人的時間。基督會在信徒們的有生之年返回塵世的福音成了接受基督教洗禮的一個強大誘因。基督教會有意識的相信線性時間與未來之說，而這些對於西方式的進步觀至關重要的概念，又被現代人給繼承了下來。

歷史與未來的銜接為進步的概念奠定了基礎，進步就是不斷的演變與發展。

> 人類的文化是由人自己創造的。在這一領域，各種人類的創造與發現，以及人類生活與社會結構本身都在不斷地進步和轉化……人類文化史的不斷前進正是因為它是一個連續的過程，並且尚未發生重大的斷裂。這同時也意味著時間是人類文化進化的一個關鍵性要素，時間造就了進步。[24]

由於有了科學的進化論的支持，美國人認為進步就是沿著時間之路，自原始的過去奔向未來的一個循序漸進的過程，個人的意志和技術將會克服大自然帶來的困難與障礙。

在當代印度，對過去的認識曾深陷於循環的觀念之中。印度教的信徒們對過去的事物缺少清晰的概念，也不認為過去的事物是構成歷史巨輪的一部份。在印度的北面，中國人形成了線性時間的概念，雖然循環的觀念仍保持著主導的地位。隨著情況的發展和變化，中國人會謹慎地重寫過去，從而使過去的事件符合今天的現狀。從美國文化的視角來看，西方進步與進化的觀念在印度和中國都發展出了某些不同的形式。

用數字認識世界

美國人進步觀的另外一個重要要素在於注重事物的具體性。但是美國人並不像日本人那樣，非得摸得著、看得見，或者以其他方式親自接觸到某一事物才算對它有了具體的認識。對美國人來說，可測量性是衡量事物的一個重要特質。他們認為世界萬物均具備某種可被量化的尺度或範圍。所有事物的特性或人類的經驗似乎都能被量化，至少也能被部分地量化，哪怕僅能冠之以第一或最後、最少或最多，最多或最小。除此之外，許多難以測量的現象便採用人為設定的數值（numerical value），比如在問卷調查上，受訪者對某政治立場的支持度可以從一逐漸排到五，或其他可將主觀情感變換成數字的比較與對照。界定成功和失敗的標準是以統計數字為依據的，成功與否須對工作量、工作能力、智能，及工作品質等方面進行評估才能決定。在美國，甚至連總統花費了幾分鐘接見訪客，這都要以數字的形式定期見諸於媒體。

在美國人的頭腦中，對物質世界及人類經驗進行量化是一個根深蒂固的思想。他們很難理解有人竟對這種做法不敢興趣。對於某些外國人，若以統計資料描述華盛頓紀念碑則令其大倒胃口，完全破壞了他們親眼目睹時的體驗。國外的導遊幾乎人人皆知，美國遊客喜歡詢問關於體積、費用、或年紀這樣的問題（「它的面積和體積是多少？」或者「它的造價是多少？」），而來自其他文化的遊客（包括歐洲人在內）一般詢問有關歷史或美學的問題。有時，量化甚至會對人造成威脅，人們使用的數字似乎會以某種方式再現所測量的現象，並將真象毀滅。例如，賴比瑞亞最大族群開普勒人（Kpelle）不敢高聲數他們伺養的雞和其他家畜，以免某種厄運降臨到牠們的身上。類似的做法在其他的非西方社會也十分盛行，其中包括舊約聖經中所描述的那些地方，「那兒的人們從不高聲數人，惟恐有人因此而喪生」。[25]

美國人對統計資料的廣泛使用，比如每個家庭平均有兩個半小孩這樣的說法，會令某些外國人感到有損人性尊嚴。有關「工時」（man-hour）這種概念也會引發同樣的反應，工時即指一個或幾個人所耗費的長達幾分鐘或數小時不等的一段時間。美國人認為工時這種說法既實用又有效，而且在許多美國機構中這些概念構成了訂定計劃的基礎。但在某些人的眼裡，美國人對數字概念的應用簡直荒唐。對他們來說，只有一種感覺或一個印象才有它具體的特性，而美國人顯然是要從數字和表格中去尋求事物的具體性。

對現象的量化可以說是美國人關於進步概念的精髓所在。只要能用數字表現事物，他們就能運用資料令人信服地確定事物的前因後果，並且能像機器般準確地指出事件發生過程中所出現的干擾。如果人類的行為也被量化，它就能變得客觀，並能像其他可控制的環境力量一樣被理性地加以對待。美國人在生活中最看重的面向，即經濟利益與物質享受，是否得到進展就可以透過測量得到準確的評估。

衛生與疾病

在美國人熱情地在海外推廣衛生建設的努力中，其核心精神也與美國人的世界觀有關。公共衛生的改善主要是靠預防計畫的實施，成功與否的標準是要看疾病、意外傷害、嬰兒死亡率等數據下降的程度，也看預期壽命等數據上升的程度。某項衛生計畫究竟是成功或失敗，答案就隱藏在某疾病在特定地點、時間的蔓延狀況，而這都要靠統計數據來呈現。對於大多數人來說，包括美國人在內，很難搞清楚那些造成疾病、受傷、及心理症的醫學理論。美國人傾向以簡單的方式認識世界，對需要行動的事情則更是如此。他們認為公共衛生的效用不證自明，或者至少是看得到、摸得著的。因此，美國人普遍感到很難對美國以外的人解釋清楚既然他們目前沒得病，為什麼還要去打疫苗而使自己生病或不舒服；或為什麼村民們非得不辭辛勞地使用乾淨的水來預防疾病？事實上，建議人們打疫苗和飲用乾淨的水的真正理由是對未來結果的預期能力。從本質上看，預防措施要求個體能夠預期未來的事物，並通過因果關係的手段將它與當下的局勢和行動結合起來。這種看問題的方法要求一種以未來為導向的思維方式，相信人們有能力通過目前採取的措施對未來加以控制。樂觀地相信現在的行動能夠改變未來的事物是一種美式信念，對於那些具有過去或現在思維導向的人們以及那些宿命論者，它並非總能得到欣賞。

人們在健康、身體，與疾病的起因等方面所抱持的態度，對於衛生設施的制訂具有關鍵影響力。西方人在醫療衛生上的慣用做法與他們對身體的概念密切相關，西方人將人的身體看成一個生物性的構造，它容易遭受外部因素（細菌、病毒）侵襲、易受不良環境條件的影響，並因飲食失調而引起疾病和營養不良。對美國人來說，人體是與世界有所區隔的一個獨立存在體，而疾病和健康則是人體這個生物有機體的不同狀態。許多非西方人對疾病起源的解釋則符合自己文化自成一格的觀念與思維。在這些非西方文化中，人們對疾病的看法，按照美國人的看法，是不理性的。在非洲國家居住的一位美國人報導，如果一個生病的小孩咬牙忍痛，當地居民會認為是邪魔附身的徵兆。根據一名作家所述，在拉丁美洲的一個國家，營養不良的症狀常常被歸咎於「超自然的力量或者與西方的醫學解釋毫不相關的其他原因」。[26] 村民們因害怕使用另一個水源會引起居家水精靈的妒忌而招致報復，他們只得繼續從受污染的水塘中取水用。由於在許多非西方信仰系統中人與自然之間沒有明確的界線區分，所以上述行為以及無數其他的習慣仍將可能繼續下去。這也就是為什麼西方人對疾病的唯物主義的解釋得不到他們支持的原因。

美國人關於獨立的個體能夠駕馭環境的觀念，以及對未來的樂觀期望，十分微妙地為公共衛生設施的建立奠定了思想基礎。有人可能會說衛生預防措施的產生是基於某些社會規範，例如人們在生活中須保持清潔等。但事實上，大部分美國人之所以樂意採用這些措施主要是因為他們對隱含其中的那些美國價值觀的服膺。這些觀念被美國顧問們及志工們有意或無意地帶到了國外，長期來看，這些觀念只會妨礙他們在當地推廣公共衛生工程。美國或西方衛生設施的引進一般在短期內較為有效，但如果美國人對當地的價值觀、心態、以及人際關係模式缺乏正確的判斷，一旦他們離去就有可能人亡政息，那些完成的建設極可能遭到廢棄。

在美國，公共衛生設施是由專業化人員來推動，通常這些人員由醫生、護士、政府官員、技術人員，以及各種類型的科學家們來擔任。在許多國家，這些專業化的角色沒有得到明晰的區分，也許根本不存在這樣的機制，或者由於受過訓練的人員太少，以至許多位置成為虛設。引進的衛生設施若要發揮長久性的作用，那麼顧問們就得設法使它們融入當地的社會機制、流行的信仰，以及一般民眾的生活習慣。在寮國開發的一個飲用水計畫為我們提供了一個很好的示範。在一個村子裡打的幾口井因為無人承擔維修責任而變得破損不堪。但在佛教寺廟裡打的幾口井不但保養得很好，甚至還被做了一些改進，雖然僧侶們對井水的需求程度要比村民們小得多。水井在寺廟的不同結局是因為寺廟對僧侶們的妥善組織和管理，他們早就有一套自己的職責體系能有效地維護公共的設施。[27]顯然，公共衛生設施獲得戲劇性成功的關鍵在於對當地風土民情的重視。

第七章

我是誰？

自我的範圍

美國人對「自我」（self）的獨到理解是美國文化中一個不可或缺的觀念。美國人很自然地認為，每個人不僅僅是一個獨立的生物體，而且還具有特殊的心理特質，作為一個絕無僅有的社會成員而存在。美國人的自我觀在美國人的思想中佔據了決定性地位，它以個人主義的形態融入到人們的行動之中，並影響了生活的各個角落。它伴隨著世世代代的美國人，從生到死，而且幾乎不受到挑戰。

在一個人的四周劃一個圈，將自我與他人相分離，我們便可對個人主義有所辨認。處於分界線之內的就是美國人的自我，在有關知覺的分析中我們將它稱為潛在主體，它是人們從事各項活動時的動力源頭、是社會關係中的一個獨立個體，也是一個能夠控制其生存環境的理性主宰。自我是主觀的，它基本上無法被意識到，同時也與外界隔絕。

美國人將「自我」（self）、「我」（me）和「我的」（my）這樣的詞彙聯繫在一起，[1]用來籠統地代表講話的主體。自我的個人主觀性使美國文化產生了一個最鮮明的二分法，即自我與他者之間的區別。自我之外便是他者，他者的行為帶有他們自己的主觀性，但他者也同時被看作是我們行為的客觀原因。[2]社會層面的因果關係與價值判斷可以施加在他人之上，自我則依然保持著自己的主觀性。

在其他文化中，人們並不覺得他們自己的自我與他人的自我存在多大的區別，而美國人卻因受其文化的限制很難充分地理解這一點。例如，許多印度人相信所有的自我都是同一個深層意識的不同展現而已：「在印度，人們一般不將另一個自我看成與本人的自我相對立的一個獨立的行動客體」。[3]自我與他人之間的區別和他人與他人之間的區別並沒有什麼不同，自我與他者的差異就像第一個他者不同於第二個他者那樣。但美國文化拒絕這種看法，美國人意識到自我具有主觀性，它賦予個體獨特的認識能力，因此個人的愛好、意見、選擇，及創造力被放到了一個優先的位置。日本人則相反，他們看重的是如何理解他人的觀點並使自己與其配合。

美式的「絕對主觀主義」（radical subjectivism）使它無法與其他文化中的自我相比較，除非能在更抽象的層面對自我這個概念進行描述。自我的概念隱含著一種模糊而鬆散的價值體系與思維模式，它們讓人感覺到時間是連續的，還有了自省、內觀的能力。當個體在他們的日常生活中從一件事情轉向另一件事情時，他們每個人都有一個主觀的感覺，即參與那些事情並與它們進行互動的是同一個「我」。若是人沒有自我的概念，我們就無法解釋那種連續的存在感是如何來的。

美國人的自我也需以實做的觀念為基礎。例如，兩名德國社會科學家指導了一個由二十名美國人和十名歐洲人組成的訓練課程，在討論中組員們被要求對美式個人主義的含義達成一個統一的意見，數量佔優勢的美國人中的大多數都很滿意將獨立和自立（self-reliant）定義為「各做各的事」（"each one doing his own thing"）。[4]這個定義生動地呈現出一個主觀、私我的自我在主導、協調各種行為中扮演著核心性的角色的畫面。美國的個人主義所立足的基礎不同於德國的個人主義。德國人比較注重歷史，他們一般要比美國人瞭解更多的語言、傳統、及思想意識等社會現實情況。在德國，個體對於政治、社會、經濟、以及人文問題的態度構成了部分的個性。美國人通常不將這類觀點看作個體內心世界的要素。美國人的自我驚人地缺乏群體和傳統的概念，而這些因素都會對一個人的認識能力及行為方式產生影響。[5]美國人心目中的自我是單數。但這也意味在某種意義上它是空虛的，需要填充，或說需要去實現。自我實現（self-realization，或是馬斯洛說的 self-actualization），取決於實做。相反的，德國人的自我是充盈的，它仰賴於自我的成長、知識的體驗、以及親身的感受。美國的自我就像一個量子，或者說是美國文化中的一個單位，這是因為他們自我的志向、抱負不能藉由作為社會的一個成員來實現，而必須靠個人的成就來證明。「成為一個美國人」並不構成美國人的自我，但在德國，關於自我認同的激烈辯論已經延續了兩百多年，而且仍然爭論不休。

在地球的另一端，中國提供了另外一種與美國的「空虛的自我」對照的案例，也頗具啟發意義。在中國人的心靈裡，自我的概念深深地根植於社會階層的觀念之中，人們往往囊括所有包括祖先、將來的後代在內的直系家族來建構自我，這就意味著家族裡的成員已經做的、正在做的、或者將要做的任何事情，都屬於自我的行動。中國自我的連續性就這樣包含著家族成員們所經歷過的點點滴滴，並且世代相傳。與此相反，無論何時，美國自我的最大範圍也只會延伸至由父母與孩子構成的核心家庭。而且通常來說，除了共同生活的有限時光之外，父母及孩子的行動通常不構成美國人的自我認同。美國人抽象的時間觀甚至會讓主觀而空虛的他們無法把過去的自己當作自我，因而無法對自己過的行為進行反省。對美國人來說，自我的連續性主要存在於直接的、個人的選擇之中。

日本人複雜的自我觀也與美國的自我形成了有趣的對照。[6]構成日本人心理延續感的首要元素是「本音」（日文漢字），即一種無法表述、私我的自我感受。「本音」通常被理解為情感，在這一層面上，它大致相當於美國自我的主觀性。「本音」是心靈的感受力、敏銳力以及活力的源泉，但是它受到社會導向的「建前」（日文漢字）的制約。[7]所謂「建前」是指社會成員之間通過相互負有的責任以及進一步擴大的社會連結而形成的具體的人際關係網，而在日本人的眼中，自我與「建前」是不可分離的。[8]一般來說，日本人的自我就是要實現這些社會關係，自我的連續性建立在不間斷地履行相互間的責任之上。日本人看重的是社交網路中成員之間的人際關係，而非個體。這和美國人截然不同，美國人總是以個體的身分參與任何群體的活動，美國人通常不會從群體的互動中尋求自我的體現。

在許多文化中，個體對自我的看法相當接近美國的自我觀，但是他們只有在對存在的意義進行探索時才達到這種認識。這種現象在佛教中，或在基督教關於神聖的觀念中都可以看得到。然而在社會關係中，一個人的出生與環境對廣義的「自我」產生限制。「社會性的自我」（social self）是以一個人的職業、家族親戚、族群，或左鄰右舍為基礎的，因此自我的含義受到較狹義的理解。自我的認識越狹窄，個體與他人接觸的模式就被劃定得越加精確。[9]他們的人際關係似乎是固定不變的，而且他們在選擇自己的人生道路上很難有所發揮。美國人傾向用含義較為嚴謹的角色補充自我的定義，而使自我的主要定義保持不變。視野開闊的自我觀給了美國人巨大的自由去選擇他們想要的行動，這與那些把社會角色當作自我之首要定義的文化有天壤之別。

在與外國人打交道時，如果對方的不同文化使他們不在個體的概念中定義自我，那麼大部分美國人都會感到莫名其妙，不知如何對應。對美國人來說，將社會角色或群體作為自我的中心非常荒謬古怪。美國的外籍學生顧問們有時對中國和其他亞洲地區的學生表現得不耐煩，特別是當他們在對自己的職業和人生做出重大決定時，原因是這些學生的行動往往受命於家庭的旨意，為了迎合他人的意願而不惜做出對自己不利的抉擇。這常常迫使顧問們對他們進行輔導，向他們講述個人主義的優越之處，並提醒他們不要走錯了路。在亞洲學生的心目中，家庭成員就是他們自己。同樣，當日本同事因怕使某人丟面子而拒絕一項合情合理的計畫時，美國人也常常感到不可思議。只要人們奉行這種延伸性的自我觀，他們的行為目的就在於維護群體的和諧與延伸性的認同網絡，實現個人目標成為次要的事。

正因為許多外國人把社會意義作為自我認同的內涵，所以在國外工作的美國人經常由於自身展現出來的個人主義而與外國同事們發生衝突。例如，玻利維亞人往往認定他們國家的社會福利屬於全世界最先進的體系，其根據是玻利維亞的憲法上對社會福利做了明文規定。對玻利維亞的實際情況有所瞭解的美國人則反對這種說法，指出玻利維亞的工人並未享受到憲法許諾給他們的利益。按照美國人的邏輯，他們所謂良好的福利制度根本沒個影子。玻利維亞人（以及其他的拉丁美洲人）心目中在乎的是抽象的概念，但對於美國人來說，個體是否獲得利益才是問題的關鍵。這兩種不同的價值經常成為美國人與外國同事之間衝突的導火線。

其他對於自我的抽象概念則更是與美國人的自我觀背道而馳。例如，在一位宛如「民族救星」的偉大領袖之前，國家或一個更宏大的目標往往將自我完全吞沒或者使之徹底屈從。美國人不明白人們為什麼對一個虛幻的理想或國家表現出如此的狂熱與忠誠（比如希特勒統治下的德國人或何梅尼統治下的伊朗人）。美國人認為國家存在的目的就是服務於他們。按照美國人的觀點，國家應當確保個人獲得他們應有的自由和權利、應當為他們提供安全和保護，但同時又要尊重他們的自主權，不應對他們的個人生活進行不必要的干涉。儘管事實上美國未必符合上述原則，但它在美國政治生活中，以及在衡量其他政治制度時所起的重要作用，卻沒有因此而減弱。

個人主義和個性

美國人的個體觀念萌芽於以十七世紀英國哲學家洛克為代表的哲學傳統。洛克主張人作為一種生物是自然的基本單位。[10]個體的存在先於社會的秩序，自利即是個體的行為目的，而社會制度則是為了因應個體的互動而誕生。[11]這個觀點在早期美國歷史中影響很大，亞當·斯密關於自利這隻「看不見的手」調節著自由經營體系的運作的觀點，就是它在經濟學上的應用。然而，真正代表早期美國個人主義思想的是富蘭克林，他在著作中提出了「天助自助者」（"God helps those who help themselves."）的觀點。[12]

美國人很重視個人的選擇，這種教育從很小的時候便已開始。我們可從美國家庭的一個生活片段看到美國孩子的自主權是怎樣受到激發和鼓勵的。清晨，母親將不滿周歲的女兒放進嬰兒椅中，然後開始為孩子準備早餐。母親挑選了兩種不同的嬰兒麥片，每一種麥片的包裝盒顏色都有明顯的區別，母親兩手各拿一盒麥片，把麥片舉在小孩面前讓小女孩挑選她喜歡的顏色。不到一歲的小孩，至少在食物方面，已經開始學著表達她個人的愛好並做出自己的選擇。

在大多數的國家，人們既不會培養也不能容忍小孩表達個人的意願。孩子只能得到母親認為是最好的、或是母親按照通俗社會標準所選擇的東西。但在美國，家長鼓勵孩子自己拿主意、形成自己的看法、處理自己的問題，並擁有自己的所屬物。總之，學習從自我的觀點看待世界得到了美國社會的絕對認可。美國人無論面對什麼樣的權威，不管是家庭、傳統、或是特定組織，他們通常都不會毫無異議地聽從權威者的指示。如果一個人的自立能力沒有得到正常的發展，那就有可能對他的物質成功造成威脅。例如，在一項有關美國東部阿帕拉契山區（Appalachia）貧困家庭的研究中，研究人員將該地區經濟發展的匱乏狀態歸咎於這樣的事實：阿帕拉契當地的貧困家庭不像大多數美國家庭那樣，容許他們的孩子向其父母的權威進行挑戰，因此，那些孩子們長大後失去改變他們所處的經濟條件的能力。美國人從生下來的第一天開始，就在家庭裡學習一種強烈的自我中心精神，這反映在他們的個人主義之中，且對美國的價值體系產生重要的影響。

個人主義把自我看作是一個社會中的文化的基礎結構。自我是行動的單位，並且是控制行為的中心。在工作中，大部分的決策都是為了追求職業生涯中的自身利益，或者其他方面的個人成就。[13]美國的員工對其工作機構很少留戀，他們的去留很可能完全取決於工資或晉升的機會。美國的行政管理人員和經理們也為了相同的原因而跳槽。此外，自利也對他們的管理決策起著相當大的影響。例如，新來的經理總是毫無例外地要撤換一批擔任關鍵職務的人員而用自己的人接替他們的工作，並取消正在進行的計畫以便有機會使他們自己的計畫得以實施。對這類做法人們通常這樣解釋：經理們希望能獨攬他們屬下的全部功勞。

美國的個人主義如果被照搬到國外則可能招致外國人對美國人失去信任。例如，在一項有關北歐與美國合資企業之表現的研究報告中，好幾位北歐人都表示了他們對美國經理管理風格的不滿。其中一位總結說，要想瞭解美國人在經營上的決策方針就必須先瞭解他在個人事業方面的計畫，因為美國人做出的任何決定都不是以合資企業的興旺為目的，而是考慮到是否有利於他們個人事業的進一步發展。另一位北歐人則將一名新來的美國經理所採取的一系列的作為比作一把「新掃帚」，將其前任遺留的計畫一掃而光。新經理們通行的做法就是讓自己的律師對美國公司與北歐公司簽署的合約進行重新審核，尋找法律上的漏洞以便終止美國公司認為獲利不大的案子，即便未能找到法律漏洞，那也不妨礙美國人運用法律上的技術主義武斷地終止那些無利可圖的合約。有時，美國公司恐嚇要起訴北歐公司，由於付不起與美國大公司打官司的高昂訴訟費用，北歐公司只能屈服於美國人的恫嚇。兩位北歐人認為自從七〇年代以來，美國人的合資企業並不在乎其聲譽。

在類似兩性關係與社會責任等道德問題上面，以及在歧視與財務等倫理規範上面，個人主義也同樣顯示了它的影響力。在上述範圍，美國人對一般約定俗成的標準可能會採取質疑的態度，一旦對社會及道德產生疑慮，他們往往求助於自我的主觀感覺，根據自己對於信仰、人生目標，和價值觀的看法。個人主義的主觀層面被看作是「表現性的」，這不僅呈現在個體對幸福與物質享受的追求之上，也包含了在掙脫外界的束縛與社會規範之後的表現自由少。[14]在道德及倫理方面，個人主義判斷一件行為是否正確，往往只根據兩個條件來加以衡量：第一，直接參與某一行為的各方都表示同意（如在性行為中），第二，該行為不傷害其他的人。如果這兩個條件得到滿足，接下來美國人便按照自己的標準自由決定了。個人的衡量標準使美國人擁有非常寬廣的行動選擇自由。

我們從美國人對待藝術的態度上可以很清楚的看出美式「表現性個人主義」（expressive individualism）對個體自發的選擇的尊重。他們對所謂的正統的美學標準非常排斥，不喜歡別人告訴他們什麼是優秀的繪畫或文學，他們樂意採取的態度是「你喜歡的就是好的。」只要從欣賞繪畫或閱讀的過程中獲得了樂趣，藝術就算發揮了它的功能，因此不必求助於美學理論將欣賞對象劃分為「藝術」或「非藝術」。美國人對藝術的態度不僅闡明了他們的個人主義觀點，而且也反映了他們對社會及哲學原則的排斥，他們運用一個簡單、訴諸個人喜好的心理學理論——「我喜歡就好」取代了上述原則。

但是，另一方面，自主與自我選擇的極大自由並非存在於一個毫無限制的真空狀態之中。個體被期望按照眾人的期望去進行自己的選擇，這種似有若無但不可違逆的期望，顯示了美國社會的控制力，甚至於可以說是一種社會強制力。正如佛羅倫斯·克羅孔所說，個體「盡情地享受著與大家保持一致的自由」（"free to be like everyone else"）。[15]既然個體在美國社會中是一個自由主體，社會對個體的壓迫是非正式的，但同時也無處不在。自我缺乏鮮明的差別，沒有力量保護個體抵禦來自社會要求一致性的壓力，這些壓力或來自家庭、或朋友、或輿論，或所在群體的同伴們。個體與要求服從與一致的社會力量之間的角力，對美國人人格之各方面都產生一定的影響。這類社會力量的代言人，譬如說政府與媒體，會偷偷的跨越個體與社會之間的疆界，試圖改變個體的想法。在美國，倘若個體選擇偏離常規，違反眾人的期望，那他們便會遭遇到人們對「高產工人」（rate-busters）[16]與「不服規矩者」（nonconformists）所採取的強烈抵制。他們將失去社會群體的認可、尊重、與歡迎，這些在美國文化中可是非常重要的。

美國人對個人主義可謂珍愛有加，但有時在國外他們驚訝地發現某些外國人所表現出的強烈個性、桀驁不馴的個人信念，以及特立獨行的作風令美國人也自歎不如。這些人看上去似乎在各方面都與個人主義者這個詞十分吻合，然而在他們所生活的文化中，來自權威（通常為家庭）或傳統的勢力對個人實行著嚴格的控制，這一顯見的矛盾點明了個人主義與「個體性」（individuality）的區別。[17]

美國人的個人主義反映了個體與文化之間邊界的延續性。在某些歐洲國家中個人與社會文化之間的互動上，譬如說英國人，儘管個體既要服從家庭和社會團體的規矩，還要遵循其所處階級的習俗慣例，但只要沒有妨礙對於家庭與傳統的社會責任，個體同時也被賦予了揮灑其個性的巨大空間。因此「個體性」一方面意味著是對個人差異的尊重，另一方面也是將個人責任界訂在一個狹小而明確的範圍內。從個人主義的觀點看，自我是文化的基本單位，自我承受著難以名狀卻又無處不在的社會壓力，迫使其在所有的活動範圍與眾人保持一致。美國文化的個人主義沒有為個體規定任何具體的社會責任，但它同時也未給自我表達提供多大的自由。

自立自強與個人主義神話

在所有與個人主義相關的信條規範中，也許沒有哪一條比「自立自強」更強而有力。每當美國人談到有人能夠「拉著鞋帶把自己提起來」（*"pulling themselves up by their bootstraps"*）並終於成功的「白手起家」（*self-made men / women*）時，他們總是充滿了敬愛之意。美國人的這些思想大都來源於美國的「老西部」神話，在美國西部邊疆勇敢的拓荒者們，在沒有外界的幫助之下獨自開創了新的生活，那孤獨的牛仔為伸張正義擊斃了那些同樣孤獨的歹徒與逃犯。關於「老西部」的這個神話一直受到社會歷史評論家們的質疑，例如，丹尼爾．布爾斯丁（*Daniel Boorstin*）列舉了許多證據說明美國荒野的開拓者其實是一群能迅速集結、迅速解散的非正式團體，他們從一開始便給美國的國民性打上了群體意識的烙印。然而，西部的神話在美國依舊生生不息、傳頌不已。它的現代典範變成了孤獨的偵探、或義憤填膺的公民單槍匹馬地挑戰現行的制度，維護法律的公正與社會的正常秩序。當然西部神話也和所有的神話一樣，只要有人相信它，真實不真實並不重要。我們應當注意到西部神話的理想就如同一切神話所喻示的那樣，奇蹟偶爾也會出現在現實之中，產生出一些英雄人物，譬如某人奮起反抗既得利益集團並大獲全勝，或是一個發明家在自家車庫裡成功研發出一種全新且大賣的商品。

羅伯．貝拉等人把自立自強這一社會準則稱之為「神話式個人主義」（mythic individualism）：

> 顯然，對大多數美國人來說，生命的意義就是要成為一個完全屬於自己的人，恨不能自己生出自己來（"almost to give birth to oneself"）。這一過程的大部分……都具有否定的性質，個體需要擺脫家庭、遠離社群，並且反抗傳統思想。[18]

彷彿這個神話真的向人承諾過，只要你能完全抗拒加入群體，你就能成為一個真正值得別人景仰與愛戴的好人[19]

牛仔和偵探的神話故事中暗含著人們對自立自強這一思想觀念所抱有的深刻的矛盾心理，它準確地刻畫了個人主義的真實性。

在那些故事中，我們察覺到個體的憂慮。除非他奮起反抗，否則社會可能將個體淹沒並毀滅任何自主的機會。但他也認識到，只有與社會發生關係個體才能實現他自己，如果與社會的決裂過於徹底，那麼生命也就變得毫無意義。[20]

在某種程度上，愛默生（Ralph Waldo Emerson）最初宣揚的艱苦而務實的自立自強精神，已經讓位於更具表現性的方式。對許多美國人來說，追求自主、自我實現、和個人成長的願望已經取代了單槍匹馬戰勝匪幫、解救邊疆小鎮的神話理想。但自立自強的原則仍然在召喚著美國人，要求他們切切不可依賴他人，淪為他人的附庸。在美國人的想像中，沒有什麼比從屬於他人更可悲的了，因此他們堅持強調，自立自強就是為了避免社會化的力量太強，而造成一個沒有個人特色的一元性社會。

儘管艱苦奮鬥、自力更生的美國故事絕大多數都發生在電影上，但是，在國外的美國人卻常常極易借助個人主義的神話指責外國人缺乏自立自強的精神。自立自強這一精神的含義無法翻譯成其他語言，而且在許多其他文化中，這個詞的意義需要一番解釋才能讓對方理解。例如，在拉丁美洲的西班牙語中，自立自強被翻譯成「獨立」（independence），除了表示政治與社會上的自由之外，還有獨來獨往的意味。如此一來，美式英文原義中自我作為行動的原動力及唯一限定性因素的概念就遺漏了。實際上，自立自強對於拉丁美洲人來說並不是一個受歡迎的概念，拉丁美洲人與他們的家庭以及親朋好友之間保持著密切的關係，他們不像美國人那樣，把依賴視為可悲可鄙的。在中國，相互依靠是幸福的行為，因為它使人們之間的關係得到加強，並且鞏固了廣義上的自我。例如，中國的父母就對自己能夠依靠兒女並受其贍養而感到自豪。在日本，美國觀念的自立自強就等於失去了個人的身分。在傳統的日本社會，「出家」（leaving home）這個在美國人的生活中再普通不過的事件，竟意味著遁入佛門，斷絕一個人正常生活中的全部關係，成為和尚。[21]對於日本人，能依靠他人是有德行的表現。在日本以及其他地方工作的美國人若想當然地期望他們的客戶或同事也同樣具備自立自強的信念或按其原則行事，那就是逆勢而為，違背了大多數非西方世界的價值觀。

自動自發

與其他的社會很不相同，在美國文化不太重視一個人的出生地、家庭，或其他可能的歸屬團體，他們不會用這些來定義自我。在美國人看來，個體的存在不過是個偶然的事件，自我的意義主要取決於個體主動去建立的成就。個體應當樹立自己的目標，並且由自己來決定如何實現它們。無論是追求長遠的目標或是完成當前某一具體的任務，行為的動力應來源於個體自己。

美國人對於群體或事業不抱認同的態度，同時他們也不喜歡自己被他人的動機所左右，他們尤其反感和抗拒權威者以命令、強制、或恐嚇的形式來驅動他們。也許正是出於這個緣故，美國人對軍方缺乏信任，他們對軍隊的認可也十分勉強。雖然大多數美國人似乎可以接受戰鬥與暴力，但他們深惡痛絕軍隊中那種露骨的權力體現。在軍隊裡，強制性的紀律與相應的階級特權構成了權力的基礎，特權的獲得往往由個人佔據的官階而非個人取得的成就所決定。[22]儘管美國軍隊對軍官的權利與特權已經進行了相當的約束，與多數其他國家的軍隊有明顯的不同，但情況依然如此。

美國人的自我觀及其「自動自發」（self-motivation）的傾向無論對美國的機構、還是美國人普遍崇尚的生活方式都形成了壓力。如果人們反對強制力又討厭權威，那麼美國人究竟應該怎樣去協調他們的生活與活動呢？答案是：通過說服溝通。倘若要讓某人配合他人的意願，人們往往通過列舉實例、加油打氣，甚或是微妙地暗示可能發生的失敗等方式來對其施加勸說。鑑於人們恐懼失敗的普遍心理，訴諸於自利與成功的希望也許是說服他人最有效的方法。如果非採取強制性措施不可，那最好也是透過一種非正式的手段，如此可以稍稍掩飾權力的行使。如若可能，個體被允許去幻想他們被迫去做的差事其實是他們基於自利的原則自己做的選擇。總而言之，美國人反對的並非屈服於社會壓力或無所不在的權威，真正令他們反感的是對自我的侵犯，尤其是個人主觀與私我的核心部分。

儘管美國人向來抗拒對人民露骨地施加權威的做法，但他們卻能接受用以控制事物及其發展的權威。國家對自然資源、商品、服務、及貨幣的控制被認為是合情合理的，且也有利於人民。[23]具有諷刺意味的是，圍繞這一控制理念建立起來的機構卻反過來將人也當作是一種客觀「資源」。個體很自然地覺得無論自己怎樣受到重視，他們與他們的同事之間本來就可相互替代的。從表面上看，這似乎與個人主義的觀點相矛盾，然而，這種感覺對美國人顯然是一種鞭策，促使他們爭取更大的成就並同時避免失敗的發生。[24]

美國人衡量一個人的依據是他或她所取得的成就，這便使他們能夠割裂地看待自己或他人的個性。他們不要求全方位地接受某人才能與某人一起共事。他們可能對他人的政治觀點、興趣嗜好，或個人的生活圈子很不以為然，但卻仍然能和他們在一起有效地推展工作。美國人將人的個性視為一個由許多可割裂的部分組成的整體，正是這個觀點以及追求成功的願望使美國人產生了合作的動力。與此相反，傾向於隸屬性行為動力的人往往採用整體的觀念對待他人，他們經常由於宗教、信仰，或道德理念的不同而對一個人完全地排斥，並因此不能與其共同工作。其他文化中的這種整體性地接受或排斥一個人的傾向應特別引起海外美國人的注意，他們務須留心自己的每個舉動，因為工作之外的所作所為有可能影響人們在工作中對他們的態度。

美國人關於個性是由不同部分組合而成的這一觀念還導致了另外一個重要的結果：行動、思想，及意圖被分開來評估。一個美國人絕不會因不良的思想而負法律的責任，但反過來說，一個人所表現出的良好意圖又可用來為其不良行為進行辯解。然而在非西方世界的部分地區，卻沒有這種明確的區分。因此，任何「思想錯誤」，即便沒有產生具體的行動，都可能成為遭受譴責的理由。一旦做錯了什麼事，便很難得到原諒。人們記住了錯誤的行為，而對其背後的意圖卻不加考慮。我們可以在中國人關於行與思、情與意的統合上看到這些觀念的體現。我們從一九五四年中國共產黨內部的權力鬥爭中，便可以看出來這種綜合性觀點的衍生效果。[25]

中共權力中心的兩名成員，高崗和饒漱石，被趕下了台並被免去了全部的頭銜與特權，這兩個人被指責犯有許多的「罪行」。高崗的罪行是對「黨的基本方針的肆意踐踏」，[26]並列舉了他在過去二十年中，即他的政治生涯之巔峰時所發生的一些事情作為他的具體罪狀。實質上，高崗的一生都遭到批判，但卻沒有人從中指出他到底犯了哪些具體的重大罪刑。他整個的人生受到了審判。同樣的策略也運用在饒漱石的身上，饒漱石被譴責不服從領導、態度惡劣、並在思想上犯了錯誤。在饒漱石與高崗的案例中，人們幾乎沒有對行動、意圖、及思想領域做出明確的區分。[27]

對系統性思想的抗拒

美國人是實用主義者。他們篤信成功並且身體力行。如果某個思想有利於行動，他們就會使用它。對大多數美國人來說，幾種思想與觀念的相互混雜與衝撞並不構成什麼問題。觀念上的矛盾不會影響人們追求某種價值，它可能是人們定於「可見的未來」內要達到的目標。統一連貫的個人人生觀、系統性的意識形態在美國文化中都極為罕見，價值觀念通常得到具體的應用，而其中的矛盾之處常常被忽略或被給予合理的解釋。思想觀念的這種過程被稱為「普遍性價值的特殊應用」。

> 某些最初被視為當然的價值的具體意涵，已經被放在各種不同的社會脈絡下被嘗試過了，結果，這些觀念在實際應用中被無數次地加以修改並且附加了限制。因此，現在人們感到「自由」與強制也可以並存，就好像你必須接種預防疫苗，也必須上學讀書……[28]

在美國，加諸在非裔美國人身上的不平等成為美國歷史中最突出的文化矛盾。為了掩飾這種狀況並使它能同美國的平等觀相一致，許多白人乾脆不承認非裔美國人做人的權利，否認他們具備完全的人性。「隔離但是平等」（separate but equal）則是一種在政治和邏輯上都經過細膩的理性化處理的教條，它在理論上為延續數十年之久的種族隔離政策提供了辯護。在更加個人與情感的層面上，許多白人常常表現得似乎黑人根本就不存在。現在，儘管非裔美國人在美國社會的平等待遇仍尚未得以解決，但該問題已被提升到了「在可見的未來需要解決的目標」這樣的地位。比前先前的強詞奪理算是一大進步。

在更嚴格意義上的政治層面，美國人也同樣不喜歡營造某種思想體系或哲學原理。唯一接近於一套完整的政治、經濟原理的，大概就是絕大多數美國人都支持的自由主義經濟模式。另一方面，諸如社會保險、「軍人權利法案」（GI Bill of Rights）、最低工資限制，以及政府對農業和其他工業的補助等措施與自由經濟之間的矛盾，卻被他們忽視或否認。上述每一個措施，以及其他每一個類似的問題都得按照各自不同的條件，通過抗爭分別得到解決。最低工資法並不等同保證年金所得計畫，社會保險也不表示會進一步推動全民健保。這樣說或許顯得過於籠統，但它們的確表現了一個根深蒂固的價值觀：美國人抗拒任何的思想體制，因為它們沒有考慮到個體。上述每一條計畫的合理性在於它們對每一個人所能帶來的具體效用，而非其抽象的政策意義。這就是為什麼其他所有類似的議案必須重複這一程序的原因所在。甚至在某項法案已經通過的情況下，它仍有可能繼續從個體的角度被加以評估，雷根政府就利用了關於「福利騙子」（welfare cheaters）的無數個案支持他們緊縮部分政府福利計畫的嘗試，而持反對意見的那一方也同樣列舉了有關「真正貧困者」（truly needy）的大量事例來說明自己的觀點。

政府的許多責任以及其應提供給老百姓的各類保障，通常不會被統一成一種系統性的思想。[29]憑藉著對於個人進取理想的堅持，美國人保持了他們自我本性的完整無缺。此外，他們對思想體系的反感又呈現在傳統的政黨組織之中。美國的兩個主要黨派，民主黨與共和黨，並非某種意識型態的代表，貼切地講，它們是獲取政治權利的工具。正如得過兩次普立茲獎的知名記者詹姆斯．瑞斯頓（James Reston）指出的那樣，美國政黨的功能不是在於領導一場哲學辯論，而在於控制與指揮奪取國家權力的鬥爭。[30]

美國人對思想體制的不信任致使他們常常低估統一而全面的意識形態與哲學思想對不以自我為中心的人們所產生的巨大作用，例如，共產主義就類似有這樣的威力。對於具有歸屬傾向的人來說，這類思想體系可以為他們對社會經濟的狀態的困惑提供一個強而有力的答案，並且對未來提出一個計畫。也許最為重要的是能夠給予那些作為群體或階級的一員而非以個體而存在的人們一個行動指南。同時，美國人也可能會過分高估他們這種以自我導向和實用主義為特色的「非意識形態」（nonideology）的魅力。美國人認為這就是一種民主體制，而在外國人看來這不過只是一種「美國主義」（Americanism）。

變化的文化與文化的變化

即便人們按照自己的文化模式生活，也需要不斷地適應各種各樣不同的人，以及完全新奇的環境。隨著一個人的成熟與年齡的增長，人們發現甚至連一些習以為常的事情都會產生不同的含義。所以，我們在有關價值觀、思維方式，及社會規範的討論中所討論的那些行為準則，準確地說，只是一個不斷變易的「過程」，而非傳遞傳統價值的「結構」。適應、調整，和變化的思想滲透了美國的文化氛圍。根據這個觀點，美國人之所以享有喜新厭舊的名聲也就不足為奇了。的確，我們可以說，德國和日本社會在過去的二、三十年內發生的變化要比美國大，例如與日本的情況相比，美國工業對技術革新就顯得較為抗拒。然而，美國人的文化心態有它獨樹一幟的地方，美國人熱衷於將文化上的變化轉換成約定俗成的社會思想，他們在這方面所顯示的熱情恐怕世界上任何國家都無法與其相提並論。無論作為神話還是實情，求新求變的思想已經織入美國人的精神品質，並與個人的個性成長緊密相關。

美國人之所以易於接受變化之主要原因就在於自我本性的需求。為了調解衝突性的價值觀念以及適應人們在社會與文化上的差異，個性被看成是一個可割裂的組合體，變得支離破碎，但是自我卻為個體提供了一個認同本體、整體性，和連續性的中樞所在。所有對個體產生影響的資訊、變更、及活動，都必須經過該中樞。自我作為文化的基本單位具有主觀性並且需要被擴充，由此產生了這樣的問題：什麼樣的訊息才能被那個中樞接受呢？答案是：若要被美國人的自我接納，所有的資訊都得以「自利」的形式來呈現。積極進取是美國人心理因素中最關鍵的成分，而空虛的自我則要求在自我實現中得到滿足。美國自我所具備的這種生氣勃勃的能動性使它不依附任何固定的結構，而樂意接受變化，或可稱其為「變化主義」（the ideology of change）。

美國人篤信個人本身的價值並將它看作他們文化經驗的核心，在某種程度上，這一觀點是以個人主義神話為其基礎的。美國歷史中虛構的神話以及傳奇性的故事所展示給人們的東西遠遠超過了丹尼爾・布恩（Daniel Boone）[31]們所代表的「自立自強」的精神，但是個人英雄主義卻連同一定程度的社群感、與強烈的合作傾向，同時並存於美國人的氣質之中。這種雙重性的精神元素迫使美國人在尋求社會合作的同時保持一種超然於群體的自我，由此而引起的緊張則透過個體把他人和群體當作追求自身利益的手段而得到解決。然而，正如一些研究人員所發現的那樣，個體的自我（individual self）與依賴的自我（dependent self）之間互相衝突，產生分裂，從而造成了美國文化的一個劇烈矛盾。

在我們的訪談中……我們發現所有美國個人主義中典型的兩極對立觀仍然在發揮它們的作用：在深切渴望自主與自立自強的同時，也同樣深信生命只有在一個社群的環境之下，與其他生命共同分享之中才具有意義。在篤信每個人都擁有同等的權利與尊嚴的同時，卻又努力替同樣可能剝奪人類尊嚴的不公平制度進行辯解。在強調為了生存人必須要追求務實、效率、與「現實主義」的同時，又堅持為了維護正義我們千萬不可以妥協。美國個人主義的內在張力構成了一個典型的矛盾體。[32]

美國人的自我觀以及美國的社會秩序都傳達了一種結構的不穩定性，反映了美國人比較喜歡在外部世界裡「實做」，而不願去經營內在的整合。美國人的未來導向以及他們傾向於以實做性而非存在性的態度面對當下，使得美國人的自我更加模糊難辨。空虛的自我導致認同的不斷變化，這一過程被解釋為「成長」或者「學習」，它衍生出開放性的社會關係。一個生活在多變的社會秩序裡充滿活力的自我，這就是美國人面對變化時採取的因應之道。

正確評估變化在美國文化中的重要性至少會遭遇三大障礙。第一、在美國人的觀念中變化是一個普遍存在的現象，因此，很難以別的什麼東西來形容或比喻它。在美國，每當旅遊到一個新的地方，人們通常都會向遊客講述有關當地的變化情況。遊客不必刻意詢問這方面的資訊，因為美國人對客觀世界和環境的認識，似乎主要是基於他們愛用今昔對比的方式來辨別事物變化的能力。若不這樣做，美國人便相對無法把握他們所處的環境。自我是個不斷進行的過程這一看法導致了「新鮮事」（navelty）在美式生活當中具有非常重要的價值。人們在愛好與趣味上的每一點變化都會立即產生巨大的迴響並帶來社會意義。

第二，某些變化是在個體認同與偏離主流的次文化背景下發生的。美國文化中，條條道路回到自我，自我是不能再縮小的，但它必須是隱私的、模糊的、與模稜兩可的。對自我概念的抽象和連貫統一的解釋，必將與個性的可分割性發生抵觸，而正是由於個性的可分割性才使自我得以將個人成就擺在關鍵的位置。這樣的一種自我，離開了它的原初狀態，但卻未對命運做出任何承諾，必然要去追尋一種意義。此外，由於個人主義觀念中固有的兩極對立性無法藉由習俗或教育而得到緩和，因此便進一步刺激了自我的意義追尋。每一代美國人都有責任去重新發現自我。為使這種發現與眾不同，人們往往需要借用某種嶄新的青年文化去創造不同的社會身分。游離於主流文化之外並帶有某種地下性質的文化孤島，往往成為發展和探索自我的發源地。

最後，文化上的變化與個人成長階段的相互重疊。在人的一生中，個性不可能保持固定不變，個體伴隨著年齡的增長過程而不斷地變化。六〇年代（以及其他時代）的青年們認為自己是開時代先河的新文化領導者。然而，文化上的變化也可能歸因於某一正常的人生階段，成為該文化中所有青年人的必經之路。上述的變化應當與那些可改變未來幾代人文化面貌的真正意義上的變化區分開來。

只有在上述認識的基礎上我們才能夠對那些歷史性的變化做一簡略的審視，美國文化中的重大轉變正是由這些變化彙集而成。開發邊疆和對西部荒漠的征服整整佔據了幾代美國人的思想，美國歷史的場景永遠是與曠野和印地安人的戰鬥。美國西部電影及西部小說栩栩如生地描繪了開拓者與上述二個敵手之間展開的史詩般的鬥爭場面，這對個人主義神話的形成起到有力的催化作用。美國人覺得自己卓爾不凡，與世界其他人不一樣。這種看法在十九世紀相當普遍，但到二十世紀隨著美國取得世界大國的地位，美國人的優越感也逐漸消退。「美國人對自身之特殊性感受的衰微，是上半個世紀美國精神的最大創傷。」[33]

自從第二次世界大戰以來，美國的專家學者念茲在茲的是美國官僚機構的持續膨脹，以及美國生活中去人格化現象的不斷增加等問題。現在的美國人顯然比前幾代的美國人更願意將自己置於政府或組織的管轄之下，他們認同政府或組織制訂的各項政策與目標。三十多年前，克萊德·克羅孔就指出：

> 嚴格地說，個人價值觀的重要性已在低落，人們更趨向於合乎公眾標準的團體價值，它們所代表的可能是組織、社群、階級、職業、少數族群，或者利益集團。[34]

不久以前，阿拉斯代爾·麥金泰爾（Alasdair MacIntyre）發明了一個詞彙「**官僚個人主義**」（bureaucratic individualism），用來表示美國人開始願意將公共決策交給專業管理人員和代理機構來掌管。這是一個價值再分配的範例，在此過程中，決策者從公眾變為一個專業集團。這個變化的重要意義就是：在美國中產階級中，組織與群體的支配力正在逐漸增大。而在過去，這種勢力受到來自個體的非正式壓力的抵制。「他們說……」，這個含義甚廣的字眼已經越來越等同於政府或者某個大組織的聲音。

美國人現在很樂意將他們自己浸沒在群體之中，緊隨這一變化而來的是有關個體認同上的相對性變化。個體具有選擇自由這一主流價值已經漸漸褪色，不同的思維開始如雨後春筍浮現。過去，美國人認為政府的功能是保障他們得到某些權利，而不是要求他們履行義務。政治機構被限制在最低的範圍之內，而且這些機構的機能一般來自地方力量的支持。綜觀美國歷史，尤其自三

○年代以來，中央政府的地位受到不斷的加強。類似的集權化以及擴大化的組織形式也同樣發生在商業、勞工、教育，與娛樂等領域。傳統上美國人堅持個人應該有完全的選擇的自由，如今他們已經接受從幾個可以接受的選項中做挑選了。

由於個體參與組織活動的程度越來越深，個體對自身利益的追求、以及為獲得成功而樂於妥協的願望也在不斷增加。與此同時，獨特的個人表達也顯得越來越不重要。自我的界線開始模糊，個體與他者之間喪失了區別性。從美國個人主義的觀點來看，自我觀的這種變化並沒有導致整體性社會意識的增長，而卻使人們更能開放地接受特殊的利益團體與目標。也許是因為政府與其他機構權力不斷膨脹的後果，現在的美國人似乎更願意與團體結盟，以便推進某些特定利益。

自我界線的崩潰與模糊在美國生活中的許多其他方面也都顯而易見。例如，男女角色之間的傳統區別已經發生變化。在肢體、服裝、行為、角色期望、及人生目標等方面用以區別兩性的種種差異正在顯著地縮小。這種變化仍然體現了價值觀念的再分配。然而，非裔美國人卻朝著與此相反的方向發展，他們基本上成功地擴大了自我的疆域，它包括了對於黑膚色以及非洲文化的某些特徵的族群認同。我們可以把上述兩種現象，一方面自我界線變得模糊和無關緊要，另一方面卻重新定義和強化自我的概念，看成是人們根據社會和文化的需要所進行的必要調整。雖然這些行動受著政治和經濟因素的驅動，但從長遠的眼光看，它們也能對傳統的美國平等價值觀起到積極的作用。

在國際事務方面，美國二戰後對外國影響的廣泛接納取代了二〇年代與三〇年代美國思想的偏狹和僵化。無論外國的信仰或習俗，只要它們富有異國情調和神秘感，便會大受歡迎。共產主義與民主制之間的鬥爭代替了邊疆拓荒者與曠野的鬥爭。五〇年代，共產主義這個大一統的概念為美國原本雜亂無章、缺乏連貫思想的外交政策提供了一種凝聚的動力。然而即使在那個時候，美國人的激情已開始不知不覺地轉向了美國的南方，那裡被看作一種社會性的荒漠。正是在這塊熟悉的土地上，美國文化的良知與罪惡，圍繞在種族問題上展開了一場激戰。美國的外部敵人開始土崩瓦解，到六〇年代末，儘管在東南亞地區進行的那場戰爭仍不斷地升級，但反對共產主義的戰鬥已不再成為美國國民生活的方向和目標了。人們越來越清楚地發現，美國文化的敵人存在於美國社會的內部。

六〇年代末與七〇年代初發生了「表現性個人主義」的大爆發。美國文化沉積下的禮俗社會的動力，雖然在對自然以及外部敵人的鬥爭中一直銷聲匿跡，現在終於以宗教復興與群體意識之覺醒的形式浮現。那個時代的內省性反映了美國人的自我觀的改變。它形成了社會內部和自我內部的緊張關係，從而取代了人與自然之間的史詩性鬥爭。一段時期內，自省（self-examination）曾使關於愛情、認同、和力量的觀念廣受歡迎，取代了過去人們藉著變化與成就來達到成功的熱情。美國文化的戰場不再是自然，而是社會本身。美國文化的荒蕪性被吸收到了自我之中，於是產生了模糊而焦慮的空虛感。

雖然人們對新發現的歸屬感已經失去了熱情，但過去三十年的經驗卻在繼續影響著美國人的價值觀。大多數人仍然在尋求成功，他們大都堅持不懈地遵循自動自發與自立自強的社會規範。但是，他人與我必須互相依賴、互助合作的思想已經出現在美國文化之中，美式的個人主義現在已經包含了一個廣為人知的看法，那就是，他人與我們必然相關。

> 我們發現自己並非獨立於他人與組織之外，反而我們是生活在它們之中。我們永遠也不可能獨自地發掘自我的真相。當我們與他人面對面、肩並肩地在一起工作、戀愛、與學習的時候，我們才發現我們是誰……我們屬於一個更大的整體，如果我們忘記它或是以為我們不需要它，那我們就要付出巨大的代價。如果我們不想將自我孤懸在真空裡，在風中慢慢地掙扎，那麼上述問題就萬萬不能被忽略。[35]

美國人在自我認識上的變化已開始在跨文化領域顯示出它的意義。對那些和外國人共事的美國人所產生的主要影響，就是使他們對各種常見的社會關係模式有了較清楚的察覺和認識。美國人顯然比以前更加關注文化差異與跨文化交流的問題。在學術界，認知科學方面的跨學科發展已經展現出開放的心態，廣泛吸收來自語言學和文化研究方面的觀念與成果。除此之外，為適應在國外或多元文化機構中的工作，越來越多的人們要求接受有關國際貿易和海外課程的訓練。例如在商業方面，這類訓練幫助人們瞭解，美國人在面對競爭更加激烈的國際市場的環境中如何做出正確的反應。在國際教育方面，人們學習不同的文化與接受溝通訓練的渴望，顯然是因為接受了「相互依存的自我」這個新觀念。美國人正在認識到他們自己擁有一個獨特的文化，對它的進一步瞭解將有助於他們更融洽地與外國人相處。外國人不僅是美國人的工作夥伴，而且還有許多東西值得美國人學習。

第八章

跨文化溝通中的實際問題

本書以上各章對於美國文化模式的闡述主要集中在觀念和價值方面。這些概念屬於認知的範疇，代表了美國主流文化模式的價值體系，可被歸類為構成美國人行為的「深層文化」（deep culture）。理解深層文化對於瞭解美國人帶入跨文化經驗中的那些觀念至關重要。然而抽象的文化價值觀只是為實際行為提供了一塊未經加工的雛形。例如，作為價值之一的個人主義，在人們無法確定應忠於集體還是追求個人目標的情形下，就很難明確地指導人們的行為。「過程文化」（procedural culture）填補了深層文化的理論支柱與行為準則之間的某些空白。深層文化和過程文化之間的差別在於前者「知道是什麼」（What），而後者「知道是怎樣」（How）。

例如，在決策時人們要知道會帶來怎樣的結果。過程文化的目標趨向使它有別於深層文化，並且受制於特定脈絡。因此，過程文化是一個具有目標導向（goal orientation）的複雜模式，它在一個具體的應用場合將表層行為與深層文化聯結在一起。

儘管我們在最後的一章才開始研究過程文化，但在本書前面的章節裡已經觸及到有關事例。由於過程文化不斷地衝擊著美國人的思想和價值，所以本書無法避開這個主題。美國文化已孕育出決策、談判、衝突、管理、溝通和其他程序體系，這方面可能比任何其他西方文化都要詳備。我們將對美國主流的人際溝通風格作一描述，並審視它在跨文化交流中的運用情況。

人際互動中的情感因素

我們在前文有關價值的界定中已很周全地涵蓋了「情感」這一項，但在實踐中完全把情感排除在外，也可以對美國文化作一個抽象的描述。但這樣的描述僅以認知為基礎，無法完整呈現個體的內在生活。人們體驗幻想和情感，注意身體的各種感覺，對知覺作出反應，並重建記憶。美國人在即將付諸行動之前必須注意掩飾自己的各種想法、情感、和幻想以免過早地表露，否則，別人就會認為他們沒有禮貌、不夠得體。情感因而成為美國人日常生活中的潛流，很少被人注意但卻經常帶來一定的干擾。

情感以非符號的方式影響著行為。在美國的主流文化觀念中，情感以「感受」（feelings）和「欲望」（desires）的雙重面貌出現。情感的這兩個方面差別甚大。一般認為自我不能支配欲望，通常，它也不能支配感受。不過自我卻是欲望的媒介，是感受的接受者。言外之意，自我不能支配情感，尤其當它以主體的活動形式在運作時更是無能為力。[1] 儘管情感與諸如語言之類的符號系統休戚相關，但是美國人認為情感本質上不受到有意識的控制，它指導行為的功用值得懷疑。所以，情感在人際溝通中基本上是被忽視的。

美國人在心靈深處對自己與他人的認識並沒有在表面的行為中清楚展現出來。情感被隱藏在諸如「我覺得」（"I feel..."）之類的口頭表達上，用來表示一種承諾或表達一種意見。美國人也在社會交往中遵循一種根深蒂固的社會風俗，即維持表面上的熱情親切。友好的話語、愉快的笑容是很自然的表現，也是別人所期望的。人們在面對面的交流中因為擔心破壞歡樂的氣氛，會竭力避免尖刻的意見和採取批評的立場。這些行為表明在社會交往中人們的情感較為平和。美國人的情感氣質屬於友好和樂觀型。這一點在白人中尤為突出。非裔美國人比較相信高強度的情感是可以控制的，因而他們表達強烈情感時相對更加自在一點。[2]

在人與人的溝通中美國人的心態是實際的，喜歡把信仰、決心、和意圖都看作是資訊內容。這些要素是可支配的，因而必然可以出現在彼此的溝通當中。美國人也把「意圖」看作是過程文化的一部分。情感顯然位居邏輯推理和事實分析之下。

如果我們將美國人在人際互動中的情感表達方式與其他國家的人相比較，我們就會發現美國人在溝通中情感處於不慍不火的地位。阿拉伯人和拉丁美洲人大都認為美國人冷漠，而日本人卻認為美國人太情緒化。與此同時，日本人還認為美國人在溝通中富有邏輯性，而日本文化卻是以情感為基礎的。顯然，情感有不同的內涵，也代表各種難以比較的人類生活狀態。正是由於這種文化間的模糊性才使得這個研究課題變得如此重要，不過在此主要研究情感在美國人溝通中的作用，所以該題目超出了我們的研究範圍。但我們可以就深層文化中的平等觀如何指導美國人理解他人這一點加以評論。

同理心式溝通

美國人自我觀中的主觀性和情感因素是建立在每個人都是平等且相似的這個觀念之上。由此產生出一種通常被美國人使用的溝通手段：與別人交往時，我可以假定同一場合中「我所感覺的」與他人所感覺的應當相同；我可以推己及人去理解別人在同一場合的感受。美國人相信人基本上都差不多，別人跟自己一樣都有共同的基本需求，並認為由於人們之間的重要差別是個體自身的差別，而非文化性和社會性的差別，所以更應注意別人與自己的相通之處而不是差別之處。美國人崇尚的這個信條與《聖經》中的「黃金律」相仿，即「你想人家怎樣待你，你須怎樣待人」（"Do unto others as you would have them do unto you."）。[3]美國人對它的普遍理解是：自我是理解他人感受以及希望他人如何對我的參照。通過設身處地來理解別人，這就是美國人的同理心。美國有一句描寫同理心的格言：「站在他們的處境你是什麼滋味」（"Imagine how you'd feel in their shoes."）。也就是說，想像自己處於不同的情境，會使人從他人的不同角度來看待問題。

同理心對於擁有共同價值觀的人來說是富有感染力的一種溝通策略。但問題在於，跨文化領域內的「他者」與「我」有極大的不同，美國人與其他文化的人進行交流時，單靠作為美國人的設身處地所獲得的個人感受還遠遠不夠。這種感受與他者的感受沒有必然的聯繫，因為同理心本身忽視民族的不同與文化的差異。當解讀他者的內在精神狀況時，同理心中欠缺應具備的文化影響因素，因而不能勝任理解社會關係的任務。而移情卻為跨文化交流提供了一個更好的良方。

移情式溝通

「移情」（empathy）是某種暫時拋開自己對世界的看法而採取另一看法的能力。當人們試圖將自己置於他人面臨的情境時（並非感同身受），個人私心和個人目的就得到抑制。移情觀認為自我異於他人，因此在各自的主觀個人主義中找不到共通之處，而美國人恰恰是在主觀個人主義的基礎之上建立其同理心的。在移情式溝通中，自我和他者都擔負著各自的社會角色或都是各自群體的代表，所以它們是作為兩個相互關聯的社會實體在進行溝通的。主觀自我在移情式溝通中被暫時擱置。[4]

分析社會關係有助於對移情的理解。在那些把移情當作強大的溝通方式的社會中，人們之間的社會關係較為正式，例如印度和德國。但我們將以日本的移情（日文為思いやり）為例，日本社會中的移情可能與美國式的同理心有著最鮮明的差別。

移情對日本人而言是溝通和建立人際關係的一種社交禮節。日本人會對他者的任何反應作出預測而且本能地依賴它。倘若人們的行動都被預先設制，即符合日本人的行事準則，那麼移情式溝通就能更好地發揮作用。

首先，溝通者需要建立共同的認識。日本人喜歡坐在彼此身邊，互相側視，交換眼神，但都共同注視著前方的某件東西。相反，樂意表示同理心的美國人喜歡坐在別人的對面與人交換目光，並在擁有共同的經歷或相似的身分、背景的基礎上建立溝通關係。日本文化中的社會關係非常嚴謹，因而溝通雙方對另一方應該如何行事都有具體的預期。他人的反應真誠與否或反應是否背離了預期都可以用來解釋對話的目的與隱含的意義。移情式的情感取決於交流者對同一事件的看法和雙方的共同目標。人們通過對他人行為的具體期望來衡量其表現。

移情式溝通重視對複雜的情境脈絡的解讀，這使得非語言溝通成為一個必不可少的溝通途徑。其重要性可以從美國和日本學生對同一問題的回答得到反映，該問題是：「你如何判斷你的妻子或是室友生你的氣了？」美國學生大都回答說她會自己表達自己的不滿，而第一個回答問題的日本學生先是沉默了一陣，然後才說他也能判斷出妻子是否生氣了。如果看到一朵花被插歪了他就會有所猜疑，等到發現妻子只往他的茶杯裡添了一點半溫的茶水，他就可以確定妻子生氣了。美國人說他們將和同伴開誠佈公地談論問題。日本人則說他們不會把問題擺到桌面上，而是努力表現對對方的關心。處理生意談判時日本人也會如此細緻委婉。談判的棘手部分，雙方只以信函方式或只由下屬處理。

美國人與日本人不同，對他們來說，移情在情感式的溝通方式當中不那麼重要。上文已談到過，美國文化使美國人天生喜歡運用同理心而非移情，但是在跨文化情境下移情式溝通顯然是一個更好的選擇。

美式溝通風格

在描述美式溝通風格之前，我們首先要從廣義的概念來界定溝通：即人們為便於工作上的合作或日常的相處而進行的互動。溝通的這個定義表明它幾乎涵蓋了行為的各個方面。溝通擁有四種功能：表達、說服、參照、應酬。下面我們將以文化對比作為參照體系，從討論這四種功能入手來闡述美國人的溝通風格。

以下的事件可以對表達性溝通做一個描述。在一個寒冷的星期天下午，大約有七十五到一百人左右聚集在莫斯科的一條華麗大街上聆聽一位中年人朗誦自寫的詩歌，詩歌傳達了他在蘇聯的生活感受，他對政治領導人的態度以及他對改革的思考。他朗誦完之後，相繼又有人取代了他的位置。每個人都背誦或朗讀自己的詩歌，藉以發洩情感，表達個人思想。

聽眾中既沒人喝彩也無人質疑。訊息在此是通過語言中的隱喻、聲音的頓挫、對所處環境的認知、和對相關典故的敏感性來傳達的，而不是借助於與聽眾之間的對話。溝通在這裡是單向的，詩人的形象、身分比聽眾的反應更加重要。

在俄國傳統中，藝術家，而非科學家和哲學家，是指引人們探索人生意義的嚮導。莫斯科街頭發生的這一事件具體地體現了這一傳統。再者，如果有人要求某蘇聯官員向外國人推薦一些介紹俄國的書，他會提出包括杜斯妥也夫斯基在內的一批短篇故事或小說家的名字，卻不會提到社會科學家、歷史學家、或哲學家。

儘管在美國式的溝通中也存在表達功能，但只有在某些少數族群中這種溝通形式的重要性才可與蘇聯人的溝通相比擬。美國式溝通的主要功能是說服。美國人本質上都是推銷員，善於拿自己的觀點去說服別人。美國人一向不信任情感，因此其說服手段通常是技術性資訊和邏輯論證。「搞清事實，控制情緒，有話直說」反映了美國人的處世作風。這種溝通功能被稱為參照，它在美國文化中用來支持說服功能。參照功能第二個重要作用在於它是美式溝通中精確性和邏輯性的基礎。它倚重於語言的結構，要求溝通用語嚴格準確，不同於那些在街頭誦詩的蘇聯詩人的用語，他們的語言中充滿了隱喻和典故。美國式的溝通所依賴的是能夠避開個別事件與情境之偶然性，並抽象地傳達具普遍意義的資訊的語言。美式英文尋求客觀性，而日文則建立在人際關係的社會邏輯之上。

溝通的最後一個功能是應酬功能，其目的是社會性的活動。應酬功能包括閒聊、應答的禮貌、和其他一些致力於保持或發展人際關係的活動。日本人是應酬式溝通的高手。但是美國人卻把應酬式溝通置於很低的位置。應酬式溝通的基礎是非語言溝通和移情。這兩種形式在日本都要比在美國普遍。

溝通的四種功能：表達、說服、參照、應酬以及支援它們的語言、內容、形式和途徑給我們提供了描述美式溝通風格的基準。很自然的，美式的溝通風格應該反映出美國文化中的某些特點，成為有特色的溝通模式。根據這些以及前幾章的討論，我們可以將美式溝通風格總結為問題導向、直接了當、清楚明瞭、個性化、和不拘禮節。

問題導向

我們在第四章已經討論過，美國人認為世間存在一個理性秩序並把自己看作是行動的個體，因而他們傾向於把事件看作是有待解決的問題。美國人組織資訊時常常得出某做法「有誤」的判斷，所以能夠糾正錯誤的行動就格外有價值。比如在美國政治競選中，候選人如果指稱對手在支持某項錯誤的政策或是人格有問題，把對方置於被迫還擊的境地，這種競選手法就被看作是有效的。候選人接著可以談論自己的人格和政策將如何挽救自己對手捅出來的漏子。在人際關係中，人們特別在乎諸如某個人之所欠缺的東西等等的「需求」，並努力尋求滿足或解決。同樣，人們經常假定問題存在，只是沒說出口而已。美國人的許多交流都是這種形式的。例如「我想去讀研究所」或「我正在考慮節食」，與此相應的答覆即是解決這個問題的對策，譬如「我給你介紹幾個好學校吧」或「我知道一個特別好的減肥方法，你應該試一試。」

美國人一般都認為問題和對策是現實生活的基本要素。但對日本人來說，提出問題常被當作一種談話工具以將談話從一個使人難堪的話題上引開。當一個日本同事向一個美國人提出某個問題時，美國人往往會立即尋找解決方案，但這可能完全誤會了日本人的真正意思。對阿拉伯人來說，問題是錯綜複雜的命運的產物，是無法解決的。前文已講述過，若企圖迫使阿拉伯人接受存在問題的事實，那你將會嘗試到阿拉伯人的百般抗拒，令你不知所措。對特魯克人來說，問題這個字的最接近的同義詞就是「混亂」，對付這種情況的最好方法就是要放下一切，任何解決問題的舉動都可能被特魯克人看作是在製造更大的混亂。歐洲人往往認為美國人講究實際是因為他們缺乏思考能力，在大多數歐洲人看來，徹底的理解問題是解決問題的基礎。美國人卻更喜歡在不斷的嘗試與錯誤（trial-and-error）中解決問題，因而在外交關係和人際關係中都贏得了「魯莽」的名聲。

直接了當

由於美國人講究實效，所以在對話中很快就切入正題。他們通常避免過長的問候語和告別語，而喜歡越短越好地交流一番打趣的話就開始講「我和你談話的目的是……」。如果按照美國人的標準，若是對方的問候語過於冗長，聽話的人就會提醒：「您要說什麼？」或另外一些提示該「談正事」的話。整個交談過程都存在這種傾向。離題太遠或是講太多的瑣碎細節，美國人都會感到不耐煩。如果交談時某一方內容龐雜或過於繁瑣，另外一方就會打岔：「讓我確定你想要講的主旨是什麼。」這種談話方式被稱為線性方式，要求講話者按照主題對內容進行有條理的梳理，然後說出一個明確的結論。那些在寫作中不遵循直接原則的美國學生會在自己的論文上發現這樣的評論：「觀點模糊」或「主題表達不清」。在面對面的交往中，每逢談話離題人們也會採取直接的策略，用非語言方式表示不耐煩，或如上文所述乾脆直接打斷。像美式溝通風格的其他方面一樣，直接性也在電視中得到了誇張的體現。政客在電視新聞發言中與對手交鋒時，必定使用直接簡短的措辭。而電視脫口秀的主持人一旦發現參與節目者講話偏離了給定的題目就立即變得大驚小怪。

與美式直接風格不同的是，許多文化主張更情境化的風格。亞洲、阿拉伯、拉美文化中複雜的問候禮節為它們最後想要討論的話題鋪陳了一個對話的情境。詢問對方健康狀況、家庭成員情況、以及其他籠統的事情，這些都遠遠地超越了美國人所要求的禮貌範圍。但在許多其他文化中，人們需要這些問題進行社交判斷以便決定在談話中該使用什麼樣的語言，採取何等的熱絡、親密程度等等。

這種情境化的風格並不要求以線性的方式表現其內容。談話者主要是要建立一個能夠到達結論的情境，無需以任何特別的順序提出具體內容。此外，結論往往也表達的不明確。聽者需根據情境的提示，自己推測結論。尤其是在一些非洲文化的溝通形式中，岔開話題去討論相關事件是必須的。人們期望聽話者自己對主題加以發揮，而不是非要讓講話者闡明主旨或主要問題。有一個非洲學生曾這樣說：「當對方表達了和我一樣的意思時，我就明白自己的話已經被聽懂了。」

在亞洲情境化的風格中沉默和委婉的表達使用較多。第五章中已講過，直接正面交鋒在美國風格中很普遍，但在一些愛面子的文化中這樣做卻是不明智的。因為間接的措辭可以掩飾某些一旦表達出來會令交談雙方都尷尬的感受。一個主修大眾傳播的日本學生在她的論文對這一點作了闡釋，提出「在日語中避免說不的十六種方法」。[5]一些美國人認為人人都在內心深處欣賞誠實坦率的方式，主張間接方式的外國同事只能繼續努力寬容他們。

清楚明瞭

第三章所提及的美國人對數字表達的依賴成為明快的溝通風格的基礎。數字表達與語言（表現思想的文字符號）而不是與非語言信號（手勢、面部表情）有關。後者更近於感知狀態。美國人認為語言最為重要，而非語言行為是用來強調和修飾詞語內涵的。美國人對話的要旨較多依賴已講的而非未講的內容，美國人非常注重提高自己準確表達觀點的技巧。在美國法律體系中，文字法典至高無上，其內容具體詳備，偶然性成分低，它依存於各種合約和其他文件之中而獲得內涵。總括起來，美國式的溝通較獨立於溝通情境之上，而日本式的溝通則極為情境化。約翰・康登（John Condon）在評論這一區別時說，美國文化重言辭輕情境，而日本文化輕言辭重情境。[6]與日本文化相類似的文化被稱作高脈絡文化（high-context），而接近美國文化的那些文化被稱為低脈絡文化（low-context）。[7]

在高情境文化中，人們並不過高地期望話題被講得清楚而具體，談話內涵依據情境而定，偶然性強。日本人相對更加信賴基於雙方相互信任而簽訂的口頭協定，就是一個體現。在日本，人們推崇非語言行為，認為它是一種真誠的溝通方法，而不那麼推崇語言。日本人並不要求領導人擁有很高的語言技巧，如果他們口齒過於伶俐反而可能得不到人們的信任。這一點恰與美國人對領導人語言技巧的看重相反。這是高脈絡文化與低脈絡文化之間的又一差別。不同的文化有不同的社交規範。例如，在某些文化中講話者須對溝通內涵負責，而在某些其他文化中卻是由聽話者負責。

在低脈絡文化的美國，內涵的傳達主要由講話者負責，其職責是用清楚明瞭的語言系統地闡述思想。談話者觀點越清晰，溝通水準就被認為越高。在高脈絡的亞洲、非洲、和印地安文化中，一個模糊的口頭資訊四周圍繞著許多非語言信號和相關信號，聽話者負有從這些信號中掌握確切內涵的責任。講話者如果太雄辯就有可能被看作姿態高人一等，好像聽眾自己沒有本事聽懂似的。儘管美國人要求講話者做清晰的表達，但由於他們講求平等，所以也會把理解資訊的部分責任分派給聽話者。如果溝通中產生誤解，美國人立即會想到是講話者用詞不當，誤傳資訊或是聽話者沒有認真聽。解釋通常是很技術性的，要求發送者回憶是如何傳達資訊的，同時要求接受者提問問題。如果發送者和受者是夥伴關係，雙方互相提問、互加評論是理所當然的。但即便溝通者雙方有明顯的地位差別，人人平等的思想仍然能夠在溝通中占上風。因此學生積極向教授發問的風氣得到提倡。在一些雙方地位懸殊的場合，如公司上級或軍隊長官在正式會議上對下屬訓話，地位高的講話者會讓下屬提問題，或者將聽話者會想問的問題的答案作為資訊提供給對方。總之，不管雙方的地位和權力有多大差別，發送者和接受者都負有成功傳遞資訊的責任。

在其他國家，人們對溝通內涵的負責方式與美國有所不同。德國社會中人們之間的社會距離大於美國社會，界線也劃得更清。德國溝通者對待平等的態度與美國人不同。德國學生不向教授提問題。如果這樣做就會被視為對教授的知識和權威挑戰。因此理解資訊成為接受者的獨家責任，發送者並不負責。德國人之間的對話不像美國人之間那樣你問我答、有來有往，因為德國人對發送者觀點的認可程度和回敬方式與美國人不同。

個性化

個性化溝通風格是美國人珍視個體自我的最佳表現。第五章和第七章已談到，美國人喜歡憑藉個人經驗來瞭解世界，而且他們的溝通模式也是依此展開的。第一次見面時，美國人通常會從一大串話題中篩選出某個雙方共有的體驗。圍繞這個話題進行簡短交流之後，他們又開始搜索新的話題，直到所有可談的話題包括運動、旅遊、工作、婚姻、和孩子等都被談過了。如果交談雙方發現彼此有許多相似的經歷，就可能斷定他們兩人「有許多共同點」，於是會更親密地繼續談起一些共同經歷。相反，如果「毫無共同點」就明確意味著雙方關係將不會繼續下去。意見、理論、甚至教育經歷（除非兩人來自同一學校）儘管可能會在以後的關係中提及，但一般不太介入初識的瞭解過程。美國人建立關係的基礎是行動與經歷的共同性，而不是思想的共同性。並且若以禮俗社會的標準來衡量，美國人的多數人際關係相對都比較膚淺，行動和個人經歷就成為幾乎是所有美國人交談的主要話題。這種個性化的溝通風格再加上直接了當和清楚明瞭等特色，使得美國人在幾乎所有的交談場合都能夠毫無拘束地表露自己。

其他文化中的人很少像美國人這樣自我表露。曾有研究把美國人和日本人對自我表露的態度進行對比，結果表明在暴露自我的一些東西時美國人比日本人要更自在得多。[8] 該研究把可能被討論的話題列在一個量表上，包括興趣和愛好（如對食物的愛好）、意見、工作或求學經驗、經濟地位、性格和體能（如性能力），來比較受試者的「願意自我暴露的程度」。談話對象包括母親、父親、同性朋友、異性朋友、陌生人，和不可信的人。美國人和日本人都同意，以舒服自在的程度來說，這些話題與談話對象以這樣的次序排列是正確的。美國人的報告表明，除了食物和母親的話題之外，他們比日本人更願意就任何話題對任何人暴露自我，包括最令人尷尬的情況：與不可信任的人討論性能力。

美國式的溝通和歐洲式的溝通兩者在個性化風格方面的差別不像美、日之間那麼明顯，但卻也挺複雜的。美國人以分享個人活動和經歷等話題開始交談，這令歐洲人感到不可思議。歐洲人往往先討論一番涉及知識的話題如政治、宗教、哲學問題後才開始熟絡起來。雙方在知識層面的興趣建立起之後，才會在以後的關係發展中談及經歷和其他私人問題。雖然雙方的差別只是話題的前後安排不同而非實質性的差異，但這已足以使歐洲人把美國人視為淺薄之徒。美國人則把歐洲人交往初期對私人事務的保守看作是傲慢無禮的表現。

不拘禮節

與自我表現的風格密切相關的美國人的另一特點就是，他們幾乎在所有場合都不拘禮節。正如第五章所談到的那樣，在美國能與個人主義相提並論的就是平等的概念。理論上，個體都是平等的，所以沒有人生來比別人更優秀。這種理想化的平等主義（idealized egalitarianism）在美國溝通風格中的體現就是，美國人在各種不同的場合，在社會階級差別懸殊的條件下，仍舊喜歡隨意地談論個人活動和經歷。美國人在餐廳裡和服務小姐毫無拘束地聊天，在其他公共場合和陌生人也不例外。某些情形下美國人願意進行正式的溝通，有時也希望自己的領導人如此。但是他們也喜歡嘲笑那些過分刻板的人，找機會設法戳穿這些人的面具。那些堅持要別人以禮相待的人在美國人眼裡顯得古板而不通人情，而對那些有頭有臉的大人物最好的讚美莫過於：「他是一個隨和的平常人，做人很實在。」（"He's just a regular guy, real down to earth"）美國人喜歡以同樣的方式稱呼每個人。他們相識不久就開始直呼其名，認為這樣一視同仁最終是對他人的尊重。上文已有所提及，正因為交談從一開始就很友善，不拘禮節，所以即便他們逐漸對某人產生了依戀也很難表達出來。結果，由於對待所有的人都採取同樣的方式，原本看起來很個性化的風格最終變成了去個性化作風。人們之間保持著同樣的距離，很少搞差別對待。即便是對待「敵人」他們也會有所節制地表示友好，跟對自己喜歡的熟人沒多大差別。

美國式溝通模式中的這種不拘禮節的風格在其他文化中並不普遍。比如在多數拉美和歐洲社會中，不同的社會地位決定不同的社交禮節。在亞洲文化中，與年齡較大和地位較高的人交往要講究禮節。日本人對有待建立關係的陌生人也比較注重禮節。這種禮節絕非兒戲，因為如果不能循規蹈矩，別人就會認為你有嚴重的人格缺陷。

以上的討論表明美國式的溝通風格在跨文化交流中有其優勢也有其弱點。我們現在開始藉由「問題導向」的原則來研究異文化間的溝通障礙並探討它們是如何介入美國人的交往過程的。

美國人的種族中心主義

跨文化交流中存在的許多障礙都是由「種族中心主義」造成的。按其字面意思就是「文化中心論」。當某個文化被視作中心文化，那麼該文化中的價值觀、觀念和行為標準就會被抬高到絕對真理的地位。種族中心主義這個概念具有三種含義：首先，對本國文化的優越感促成了一種狹隘而保守的民族文化認同；其次，種族優越感通常會使人們對來自其他文化的人抱有成見；第三，強烈的種族優越感使得人們把對本國文化和其他文化的比較建立在本國文化是正常文化的觀念基礎上。因此，持有這種優越感的人往往尊本國文化而貶他國文化。這樣做是有害的。種族優越感在文化的脈絡中建立起其認同和歸屬感，但也付出了代價。

種族優越感嚴重影響跨文化互動和國際事務。把本國文化視為必然模式，就有可能忽視其他文化模式；或簡單地把其他文化看作是對正常文化的背離，而不是看作文化的多元性。從美國人看待自己與他人的方式中，種族中心主義的影響都清晰可見。我們首先來看一看種族中心主義的內在表現，簡要概括一下美國種族優越感影響跨文化溝通的幾個因素。

醜陋的美國人的形象曾在本世紀六〇年代盛行一時，現在這種面孔已經極少見了。雖然仍有某些偶爾到國外旅行的美國人顯得趾高氣揚，好像整個世界都欠了他美國人的帳似的。但一般來說，種族中心主義的露骨表現變得更加微妙。美國人喜歡說「其實說到底這世上每個人都一樣」，還提倡「做你自己」，這些都顯露出充斥於美國文化中的自我意識的美式個人主義與平等主義。這些價值觀念，以及從中衍生出來的行為，在美國文化中運作良好，但並不能放諸四海而皆準。然而美國人卻認為所有人都把自己看作獨立自主的個體，所有人都嚮往最大限度地獲取物質財富，所有人都渴望提高社會地位。他們的所作所為都是建立在這些錯誤的假設之上。

美國人通常認為在某些情形下，如威權的政府暴虐或嚴酷的社會控制，壓制了人們的「正常」欲望，於是他們就不能追求美國人所追求的那些目標。這種想法一旦被帶進跨文化交流中就有可能導致誤解。比如近來某個美國總統到中美洲訪問，竟然呼籲當地政府「不要再騎在人民頭上」、讓人民做他們真正想做的事情——發展個人私有企業。因為許多中美洲人在這一點上並不苟同，所以他們認為這是北美人企圖將自己的生活方式強加於人的又一表現。再比如，有位美國生意人負責招待來本公司參觀的日本客人，當被問及訪問期間可能會發生什麼問題時，他說：「沒什麼，除非他們感受到我們的自由氣氛後不想回去了。」這個美國人不知道其實這些日本客人說不定更喜歡本國的生活呢。美國人的這種說法無疑會被日本人視為無禮，這將對彼此的溝通產生不一定顯而易見，但絕對存在的負面影響。

各個文化都有不同的種族中心主義式的自我意識。例如日本人往往覺得自己與所有其他文化的人都不一樣。表面看來日本人不如美國人的優越感那麼強，其實不然。日本人通常認為自己太與眾不同了，所以外國人根本不能瞭解他們，而他們也無法真正瞭解外國人。歐洲人的種族中心主義常建立在另外一個前提上：文化總是向著更文明的階段「進化」，而人類文明的巔峰是在歐洲。

美國人心目中「文化進化論」的假設體現在「開發中國家」這個概念上：它們的發展目標就是美國的技術主義。從前文的事例中可以看出，美國顧問們會在這一觀念的驅使下去幫助人們（其實經常誤解他們）朝著某一被曲解的目標發展。其實也許人們充分瞭解此目標後會拋棄它。文化的、政治的、經濟的、和宗教的「傳教士」尤其擁護文化進化論。即使他們擅長跨文化溝通，在他們幫助其他文化接受、吸收本文化的過程中，也不過是拿這些技巧助長了自己的種族優越感。文化、社會和經濟的變革本身並沒有錯，但輕易地以外國人的價值觀來對別國的發展過程指指點點就是錯誤的。

種族中心主義的外在表現導致對他人的認識和對事物的瞭解只遵照自己熟悉的文化經驗，趨於一廂情願，往往做出目光偏狹的判斷，缺乏一個客觀理解的基礎。人們侷限於本國文化的本位主義，就無法認識其他文化中具體情境中的特殊意涵。實際上可能對其毫無所知。例如，旅遊歸來的美國人評論東京或其他外國大城市時會說，「不過就像紐約罷了」。他們判斷的依據不過是高樓大廈、擁擠的交通和速食店，而這些東西確實在世界各大城市都存在。旅遊者為自身的文化觀念所縛，竟然感受不到每個城市有別於其他城市的獨特之處。不只是美國人受狹隘的地方本位主義所害。在美國旅遊的日本人雖然能更多地注意到兩國的差別，但他們的認識仍舊依賴腦中已經存在的概念範疇。所以，日本人通常會大談特談美國的大片一望無際的荒地，因為在日本缺乏的正是這些。其實，在日本人訪問的大多數美國大城市，其擁擠程度並不比東京遜色。

對他人的種族中心主義式的認識源自於把對方當作一個整體，而忽略了其個別性，這也就是所謂的刻板印象。刻板印象並不算偏離了跨文化溝通，它是個體在面對文化差異時的一種自然防衛。[9]抱有刻板印象的種族中心主義者固執地認為某一文化或某一群體中的所有成員都擁有共同的特徵，由此簡化了對他人的認識，避開了對種族中心主義觀點的挑戰。來自兩種不同文化的種族中心主義者進行簡單接觸時極易加劇各自固有的成見，並可能製造新的成見。除非跨文化交流者對此有所警惕，否則面對面的溝通不太可能使人提高對文化差異的關注和寬容。刻板印象幾乎存在於諸如民族、宗教、種族、年齡、性別、民族文化等等以各種特徵分類的團體當中。

成見使人無法辨別屬於一個較大類別的各群體的成員。比如，許多美國人就不能區分波斯灣各國的阿拉伯人（尤其是沙烏地阿拉伯人）、其他中東地區母語為阿拉伯語的人（如敘利亞人）、和伊朗人之間的差別。把這些不同的文化歸入「阿拉伯人」這樣一個籠統的類別既不正確，又使這些地區的人們感覺不舒服。同樣，「亞洲人」或「東方人」這樣的類別掩蓋了日本人、韓國人和中國人之間的重要文化差別。

美國人現在大致上能夠把東南亞人從亞洲人中區分出來，但東南亞這個類別本身也忽視了越南人、柬埔寨人和寮國人的重大差別。這種狹隘的地方本位主義在現實生活中會造成巨大的不良後果。一次在波特蘭市舉行的「奧瑞岡玫瑰花車遊行」活動中發生過這樣一件事：當一輛花車開進來向波特蘭的姊妹市，日本的札幌，致意時，從日本遠道而來的貴賓很不高興，因為他們發現花車上向他們招手的一些年輕女孩不是日本人而是中國人。遭到質問的遊行指揮回答說：「日本人，中國人，都差不多啦！」話語裡帶著明顯的成見。更有甚者，在伊朗人質危機中有許多沙烏地阿拉伯的學生遭到咒罵甚至是毆打。且不論僅僅因為民族或文化不同而是否應該欺辱別人，把擁有不同歷史文化的沙烏地阿拉伯人和伊朗人混為一談，這種行為又一次說明了在跨文化交流領域採用籠統的類別會產生怎樣的負面後果。

談到狹隘的見識，我們不能不提及美國人在溝通中惹惱外國人的主要緣由。到過美國的遊客普遍說美國人總是問一些愚蠢的問題。典型的例子是，他們會問非洲人：「你們家附近有沒有獅子？」美國人竟然還問歐洲人他們國家是否有冰淇淋和小汽車，簡直令歐洲人大吃一驚。而幾乎令所有人惱怒的是關於地理的問題：美國人經常搞錯位置，把對方的國家放到別的大洲上。美國人有時問這些問題是出於偏見，但多數情況下出發點是善意的，是表示對對方的友好或表示對其感興趣。這些問題無疑暴露了美國人對他國的無知。不僅如此，他們還暴露出偏狹的地方意識。因為對他人的認識太過籠統，美國人無法區分不同民族和社會之間的差別，所以他們只能從他們對問題有限的認識中，挑選一些零星要素來構成自己的問題。例如，他們對非洲這個地區的印象或許只限於兩個要素：「黑人生活在那裡」與「獅子生活在那裡。」因此能夠產生的問題或評論只能把非洲黑人跟獅子聯繫在一起。

種族優越感的作祟和資訊的匱乏阻礙了對文化差異的客觀評估。我們以上所舉的例子都來自牽扯到信仰、概念、和形象等方面的刻板印象。大多數的刻板印象往往來自一知半解的以訛傳訛，或是電視、卡通、漫畫上的一點皮毛知識。諸如此類對文化的扭曲阻礙了順暢的溝通，但是，由於刻板印象的根源在於深層文化，所以可以接受討論與分析，同時也易受教育的影響。其次，美國文化中深層的種族優越感與其他文化的種族中心主義也無多大差別。跨文化交流中真正的難題出在過程文化的領域。在下一部分，我們將研究美式溝通中由種族優越感所造成的一些問題。我們將會從過程文化而非深層文化的角度，來看待不同文化之間互相理解的障礙的問題。

跨文化溝通過程中的種族中心主義

種族優越感使美國人覺得自己的溝通風格最自然最正常，所以未經接觸就先以否定態度評價別人的風格。這種評價勢必引起對方的自衛性反應，因此基於對彼此過程文化之差異的無知而彼此互相否定。比如，美國人會把日本人含蓄的溝通風格看作「曖昧」的表現。而美國人的直接方式也會被日本人視為「幼稚」。當互動雙方陷於彼此否定時，正常的溝通就很難展開。倘若溝通者雙方只會固守種族中心主義的態度，不僅於事無補，而且局面只會變得更糟。當美國人感到日本人在迴避問題時，他們的溝通風格會變得更為情緒化且具有攻擊性。而日本人在社交場合中每逢對方言行失檢的尷尬局面，他們就變得更加含蓄、多禮。這個惡性循環每向上旋轉一步，否定性的評價就加深一步：「曖昧」可以升級到「躲躲藏藏」、「狡猾」、「矇蔽」，直至「詐欺」。而在這層文化面紗遮蔽下的另一面，「幼稚」可以升級到「失禮」、「粗魯」、「莽撞」，直至「攻擊性」。雙方都是為了挽回局面，但一方的行為卻只是惹火了另一方。[10] 所以瞭解互動上的惡性循環並預測其後果，就成為異質文化交流過程中不可忽視的問題。

溝通上的互相否定與惡性循環並不為美、日交往所獨有。以下的情境說明了美國人與來自各個文化的人們交往時都存在惡性循環現象：

一個美國學生聽一位奈及利亞學生講話，越聽越不耐煩。她問及他的宗教，本來是很容易回答的問題，他卻講了一大串童年的故事。最後，美國學生插話進來，很明確也很有條理地表達了自己的觀點。美國人認為這個奈及利亞人不是愚蠢就是狡猾（因為他講話拐彎抹角）。奈及利亞人則認為這個美國人幼稚、頭腦簡單（因為她不能理解談話的微妙之處）。美國人要求奈及利亞人把觀點說得更清楚些，奈及利亞人反而又增加了一些題外話。

當一個美國人提出問題，要求解決（需當事人採取直接行動）時，他的阿拉伯同事則說根本不存在任何問題，並說他錯估形勢了。美國人認為阿拉伯人懶惰、盲目無知，而阿拉伯人卻認為美國人盲目無知（缺乏宏觀視野）、太自負（竟然以為自己能夠改變事物）。美國人竭力想說服阿拉伯人認識到問題的難度，結果適得其反，阿拉伯人反而更加強調事情的不可避免性。

美國經理不想讓人以為自己端架子，於是要求泰國員工直呼其名。泰國員工答應了，但在談話中還是正式地稱呼他。美國人把這看作是低聲下氣和不友好的表現。而泰國人認為美國人過於天真，對公司階級制度中員工的特殊地位不夠尊重。美國人執意追求隨意、友好的氣氛，反而驅使泰國員工更加拘謹。

一位美國教練給她的英國同事一份企畫書。英國人說這簡直是她所見過的最荒唐的一派胡言。美國人回應說英國人使用了如此激烈的言辭傷害了她的感情。這個英國人指出了企畫書的一些具體缺點，作為對前面一席話的補充。美國人接下來說她把對方當作朋友真是大錯特錯。英國人聽後就不再回話了。

在跨文化交流中還有不計其數的類似的案例。這些例子說明導致關係倒退的主要因素是，對溝通風格中的具體文化差異缺乏認識。第一個例子中雙方都意識不到美國人喜歡直接、明確的風格，而非洲人更傾向於情境化的風格。於是在此場合下溝通者都不太情願再繼續提問和回答問題。從阿拉伯人的例子中可以看出人們都有「好為人師」的傾向。可惜不是教導對方認識文化差異，而是下意識地企圖說服對方接受自己的唯一看法。就像第一個例子一樣，雙方都認為對方「愚鈍」，並加深了對彼此的刻板印象。在第三例中，結局可能頗具諷刺意味。那個泰國員工也許最終會默默屈服於他的主管，直呼其名。但並不是出於美國人的平等觀念，而是由於尊重比自己地位高的人的權力，服從於他的命令。彼此的誤會沒有化解，只是地下化了而已。

第四例表現了美國人的個性化風格與歐洲人注重知識的風格之間的衝突。它給互動雙方帶來很大麻煩，所以應當給予密切關注。歐洲人喜歡在知識層面對話時採用低情境模式，明確地陳述觀點，毫不猶豫。而在涉及知識問題上顯得有所保留在美國人看來卻是有禮貌的表現。在涉及較個人化的感情和關係等問題時，歐洲人採用高情境的模式，倚賴於暗示和非語言的委婉表示。歐洲人的表達語多為「我認為……」而非「我覺得……」。然而美國人卻用低情境的模式處理私人關係。他們常常用語言直接表達情感，包括直接表露他們對交談對方的看法。但美國人更喜歡以高情境的模式處理知識層面的交流。他們往往會利用非語言方式，用語調或面部表情表達異議，如「嗯（然後停頓一下），這個想法當然有值得稱道之處」。在知識層面的對話中美國人總是根深蒂固地認為歐洲人固執，而歐洲人則認為美國人缺乏定見（或是根本愚昧無知）。另一方面，美國人認為歐洲人在人際關係中不必那麼閃爍其詞，而歐洲人則認為美國人在處理私人事務時不夠含蓄。

當然並不是所有的否定評價都不正確。多數文化中人們對自己所處的社會都會有所挑剔。一個長時間待在國外的人對地主國文化遲早會獲得足夠的瞭解，於是可以有十分的把握進行批評。但是這種能力有待長期的培養，並且通常很少非常深刻，尤其是幾乎很少得到地主國人的重視。為避免使本來就很複雜的異質文化間的溝通更加複雜化，跨文化交流者需要首先考慮到此種可能性：一個負面的觀感很可能是來自於不瞭解或誤會，而不是在做過細膩的跨文化分析後得出的結果。每個人都需清醒地認識到，大家常常都是以相似的種族中心主義的立場出發，對他者進行批評。在充分考慮如何避免發生溝通上的惡性循環之前，每個人都應該暫緩做出類似的否定性評價。對問題不加判斷對專業人士來說尤其困難，因為他們的信譽和自尊取決於迅速做出正確評價的能力。跨文化領域的專業人士通常將自己的首要目標定位在溝通而不是批評。顯然，過於迅速做出的判斷極可能是來自於種族中心主義造成的刻板印象，有礙於文化間的交流互動。

美國人如若把每個跨文化情境都當作實驗處理，那麼就能克服導致刻板印象和否定評價的傾向。他們應假設確實存在某些文化差異，但具體是什麼差異卻不清楚。透過對另一文化加以整體概括形成某個假設之後，再檢驗它是否正確。若是對另一文化缺乏整體的概括認識，就應當假設對方可能會做出與一般美國人不同的反應。溝通者應當假定此假設是正確的，然後用具體行動小心地進行試探，同時謹慎觀察將要發生什麼反應。下文就是一個例證：

一個美國學生到德國訪問期間，住在某個德國家庭裡，開始跟主人一家人吃第一頓飯。（這家人說英文。）她把這個場合當作一個學習的好機會，而不是一場自己不能勝任的「個人演出」，希望藉此避開了跨文化交往的第一個陷阱：尷尬得不知所措。她也沒有退回到美國行為模式，放肆地大談她一天所經歷的事情以及自己的感受（所謂個人經歷的重要性）。如果讓這家人先開口講話，她就能夠確定進餐時應談什麼樣的話題。但是如果他們等她開口呢？她所顧慮的一個假設是德國人通常不喜歡在進餐時說話。不過歐洲人給她留下的大體印象並非如此（儘管在某些其他文化中存在這個禁忌）。因為在離開美國前對德國人缺乏完整的認識，所以她不清楚德國人有在進餐時（以及其他時候）討論政治或知識性話題的習慣。但她記得母親曾告訴過她絕對不要在飯桌上談論政治和宗教。也許德國人的社交模式和美國人有所不同？她試探性地談起有關美國在德國駐軍的政治問題，準備一旦發現話題不適就棄而不談。但令她放心的是這家人頗有興致地接起了這個話題。她自己也鬆了一口氣。[11]

對不同的文化能有整體的認識並善用之，同時又避免可能的刻板印象，是進行跨文化交流時最困難的一件事。此外，個人也需要具備文化意識。例如有必要瞭解對方文化的主流模式以及其變異形式（如不同年齡層、性別、還有種族的個別次文化）。儘管這種瞭解是有限的，但仍可用來推測可能發生文化衝突的領域，和可能出現的溝通問題。對文化差異瞭解得越深，對某一文化的總體看法就會變得越具體，假設也就越準確，而溝通上的困難就更容易預料。但是如果美國人（以及其他人）試圖找到一個絕對的答案來消除跨文化溝通中的所有模糊性，那麼結果往往是更多的誤解與成見。

移情和行動

我們已經討論了美國的過程文化在跨文化溝通中所可能造成的障礙。我們要談的最後一點是行動。美國人在與人面對面交鋒的時候常常把每個人的表現掛在嘴邊，這會引起對手之間某種程度的衝突，至少是彼此間的競爭。在跨文化情境下，這種正面交鋒的策略是不可取的。美國人與他們的同事倒是可以分享一些移情式的溝通。同理心建立在人們之間的共同性上。但是，移情始於彼此之間的差別，只要大家都有共同的目標與生活經驗就可以了。要運用移情，美國人就應對自己的使命有清楚的認識，並將自己的努力充分融入所處的組織體系或社會環境中去。

和平工作隊的實踐經驗證明美國人在南韓這樣的國家比在牙買加之類的國家表現更出色。在南韓，美國人會立即遭遇到文化差異。而牙買加是個說英文的國家，給人的印象是一個發展中的現代社會。根據這些經驗，我們猜想對文化差異的察覺也許會自然而然地把美國人推向移情而不是同理心。遺憾的是，這種意識並不足以引導美國人朝移情式溝通發展。美國人缺乏耐心，急於採取行動，這一性格常常成為絆腳石。美國人做事的欲望太強了，以致於會放棄顧問或指導者的身分親自去做某事。這一舉動表明他們既喜歡「實做」，把它作為一種活動形式，又強調自我是責任方。美國人喜歡能很快看到成果的計畫，期望在結束國外的生活之前完成什麼。他們不能將自己的工作有效地整合進所處的社會結構，也忽視了達成目標所需的文化習俗和傳統。下文的幾個例子可以最好地呈現這些阻礙移情的路障。在這些事例中美國人的價值觀妨礙了他們的工作，不利於任務的完成。

美國人的處事觀念有時阻礙了他們指導、訓練、和教育他人。例如，一批美國軍事人員在寮國執行任務，當寮國人的訓練顧問。然而，他們卻總是忘記自己的使命是指導寮國教練員，反倒親自充當起教練來。相似的另一事件發生在菲律賓。和平工作隊的志工們受命訓練教師。根據志工們的敘述，菲律賓老師很討厭志工觀察他們。輪到志工講課時，菲律賓老師就退出教室。最後志工們單獨接手了這些課，但經過三至四個月後他們意識到自己的方法以美國注重時效的價值觀為基礎，反而阻礙了攜手合作和目標的實現。志工還談到：「每次遇到問題時，總是美國人立即想辦法解決。」菲律賓人對他們的問題除了口頭說說外根本不設法去解決。這些美國人還說他們之所以採取行動主要是「因為要讓菲律賓人做點事簡直難如登天。」

第三個例子與和平工作隊在密克羅尼西亞實施的一個計畫有關。有一群志工為了在別處的任務而在這裡受訓。訓練結束前三個月，志工希望完成某項將具有指標意義的公共工程來顯示他們的能力。儘管島上的首領一再委婉地提示島上需要一座新校舍，受訓者還是堅持先建造供水設備，因為島上明顯需要它並且塑膠水管和其他材料已經齊備。當地人都不情願將一百磅重的水泥袋運到山腰修造貯水池，於是志工們只好自己搬上去。當地人強烈要求把幾條水管引到村中心為止。但是志工們不聽他們的話，給家家都安上了水管。最後大多數新志工都帶著成功的喜悅離開這裡，奔赴他們的常駐崗位。

剩下的兩個志工卻陸續觀察到了一些現象，上了一堂有關進行跨文化工作的教育課。第一，小孩子們經常在貯水池裡撒尿，所以沒人願意喝這裡的水。第二，村裡的婦女仍習慣到山腰的小溪裡洗衣服，在那裡交換資訊，閒話家常。第三，乾旱期間，村長無法控制某些個別家庭過量用水的問題。第四，不同村莊的青年發生衝突後，常常在深夜把彼此村裡的水管都用砍刀割破。不出一年整個系統都已無法運作，而新校舍的建設也開始了。

上述情況表明，美國人關於實做和建設具體設施的價值觀在密克羅尼西亞案例的介入是不成功的。美國人當時已經收到充足的「資訊」，對島上居民的需求有所瞭解，但依然我行我素，這也說明了溝通的失敗。假設移情在這裡得到運用，受訓者們就會注意到地主國人相對委婉的抗議。這種敏感度在最初訓練這些將被派往海外的志工的技術和語言能力的課程中，就應該慢慢培養。在訓練或實踐中，對過程文化的強調會使受訓者做得更好。

另一方面，對他者的完全移情也可能起不到既定效用，因為它有可能讓我們完全改變初衷，失去對原訂計畫之必要性的信心。解決這個困境的手段之一就是使用移情將一項新技術整合到某一已經存在的文化模式之中。下文這個來自印度的案例顯示了一項新農業技術是如何突破文化障礙被引進到印度某地區的。

一個旨在引進綠肥的農業計畫在伊戈里村（Ikari）遭到了挫敗。村民沒有興趣把太陽麻埋入土裡當肥料。於是一個由美國人和印度人組成的專案顧問團隊來到村裡。他們很快得知村長徒有虛名，而真正的首領是一位老人，村長的叔叔。這個家族是一個書香門第，且因虔誠的宗教生活而受人尊敬。這老人就是整個家族的領袖。發現實際領導權所在之後，顧問們就可以與真正的，而不是名義上的權力者直接對話。

當他們最後坐下來與桑尼黑老先生討論綠肥的使用時，他們沒有立即說出他們的想法。在來訪者表明來意之後，桑尼黑也認為綠肥確實管用。但他又補充說，根據他們的文化觀念，能滿足自己家庭的基本需要就可以了，人不可太貪婪，太急於追求更多的經濟利益。其中一個印度顧問理解桑尼黑的觀點，反駁說現在村裡多數人都不能盡到對家人、對自己、和對托缽僧的應盡義務。因此目前更重要的是應該生產更多的糧食，而使用綠肥是提高產量的可靠方法之一。並且，這樣做百利而無一害。

這番話體現了印度人對自我、對個體、與他人關係的界定，並暗示了個人應當奉行的生活原則。各個方面都不同於美國人的觀念。雖然印度顧問反應很敏捷，把綠肥的使用與婆羅門人的信仰聯繫在一起，但這一招沒有立即奏效。桑尼黑回駁說：「我認為對人類來說，正直的品行比世上的所有財富都重要得多。」言外之意，使用綠肥是不敬神的表現。他還說，在太陽麻未成熟之前就把其莖葉埋入土中是一種暴力行徑，而非暴力是最大的美德。要理解這番話的含義就得瞭解世界為非物質的觀點，也就是說，自然和植物與人類並無本質的不同。以下顧問回答這個婆羅門的話值得全文引用。

> 顧問首先爭辯說即使一棵植物有靈魂它也是長生不死的，所以把它犁進土中作肥料並沒有罪過。他大量引用《薄伽梵歌》[12]，不過他對《薄伽梵歌》的熟悉程度比不上這個婆羅門，所以村民仍然追隨著他。但是他繼續很謙恭地解釋說農民的職業很神聖，但從事這個職業難免要採取暴力行動：犁地時要殺死蟲子；為保護莊稼要除去雜草；要強迫耕畜勞作。但是農民也有許多神聖的行動。他照料自己的家人和牲畜，供養寺院、祭司、教師和托缽僧，還有其他慷慨的善舉。倘若不採取必要的暴力措施來種植莊稼，他就無法實現這些善舉。他的善舉大大超過了他的罪過。況且由於沒有合理的施肥，土地一年比一年貧瘠。如果使用了

綠肥，他就可以多做善事，多行義舉。

此案例表明這群美國和印度顧問在把自己的目標置於相關的文化情境時，運用移情做了適當的調整。對自我的界定、對世界的認識，以及動機的存在基礎都需要適當變更。順從、謙恭、和含蓄的態度都引導著人際關係向前發展（顧問們沒有一直採取直接的方式與婆羅門交談，而是經常繞著話題兜圈，讓婆羅門自己把話題與會談的目的聯繫起來）。例中的印度人沒有向未來展望而是回顧傳統；他們不贊同為了「做」而做，而是強調「存在」的重要性。他們不重視進步。顧問們基本避開了美國人在此場合下經常忍不住會用的一些論據，如進步、生活的改善、物質利益、更好的收成等。

這一案例分析的重要之處（也是前面其他案例中所未有的獨到之處）在於溝通者對文化差異的覺悟和運用，對移情式溝通的應用，以及對深層文化和過程文化的全面瞭解。憑藉這種明確的瞭解，改革實施者就能夠用恰當的方式進行溝通，他們傳遞的資訊也能與婆羅門教徒的認識達成一致。

這兩個顧問也能夠運用對自己有利的兩座重要文化橋梁。首先，他們意識到文化非常像是一條由許多水道、水流，和漣漪組成的河流，而不是一個嚴格控制文化個體行為的大一統結構。文化是由各種變異的形式構成的。文化的功用是指導而不是控制。提高對文化變異形式的敏感度成為旅居國外的美國人的沈重責任。他們應牢牢記住他們自己的文化中的變異可能會與地主國文化中的變異極為相似，因此就可以發掘作為主流文化模式之變形的各種模式。它們在截然不同的兩種主流文化模式之間架起了一座文化橋梁。儘管本案中的討論內容來自印度並引用了《薄伽梵歌》，但是其中的溝通模式和感情表達與我們常在美國南方教堂裡聽到的那些隱喻十分相似，豐富的口述傳統深深地浸染著那裡的佈道者。我們可以在美國文化的變異形式中找到與婆羅門教徒的思想感情相對應的先例，雖然美國主流文化模式與本案所顯示的傳統相去甚遠。

兩位顧問運用的第二座橋梁，是集合美國和印度兩種文化中的深層和過程文化創造出一個「第三文化」。致力於國際發展的改革實施者是在第三文化環境下開展工作的。「那些來自不同社會的人們在對彼此社會的相互適應中共同創造、享用，和學習」著這個第三文化。[13]在上述範例中，印度和美國兩方的顧問都堅信使用綠肥能給伊戈里村帶來實際利益。雙方也都意識到使用美國方法必然導致失敗。也許在迫於壓力之下，該計畫可能會得到實施，但將不會被村民真正接受，當改革實施者離開後這項計畫必然會隨之終止。所以，顧問們的巧妙之處就在於他們能把西方關於進步和物質利益的觀點，與印度人對家庭、自我，和托缽僧的責任感組合在一起，去實現他們的共同目標。

「第三文化」通常具有某些特徵。它通常假設來自兩個社會的成員，以及這兩個社會本身之間的關係是協調的。事實上它們經常不協調，但是人們仍舊希望達到這個理想，而且如果沒有達成這個目標，勢必引起顧問們與其合作夥伴之間在某些方面的矛盾和衝突。在第三文化中孕育出來的計畫通常是理性的、務實的、和有遠見的。人們期望這些計畫帶來具體的成果，並把它們視為開端，希望它們逐漸擴大，最終遍及整個社會。因而，第三文化被認為是可以永續發展，且充滿多元性的。[14]美國顧問們尊重其印度夥伴對本國文化的瞭解和敏感程度，讓他們主導談判。但該計畫本身是理性的，具有無限發展的潛力，並可為將來其他村莊的改革充當一個典範。

結論

美國人在與外國夥伴溝通和合作時常常遇到難題。跨文化溝通的根本障礙可以總結為不同文化之間觀念與價值觀的差別。美國人的價值和觀念阻礙他們客觀地認識和理解外國人的行為基礎。假設他們充分地瞭解本國文化和他國文化，那麼在國外的表現就會有所改善。

儘管文化模式是一個不可分割的整體，但也可以解析為各種思維模式，以及我們在前文已經研究過的四個組成部分：活動和行為動力的模式、與他人的社會關係、對世界的認識、對自我的認識。美國人如何認識不同文化的人以及如何跟他們交往，都深受這個文化基礎的影響。典型美國人常用的同理心式溝通模式阻礙了他們在跨文化溝通時的表現。培養移情式溝通，甚或努力從第三文化的立場進行互動交流，這些做法都會有助於美國文化和其他文化達到共同目標。

我們從跨文化角度來探究美國文化，其目的就是為了激勵從事跨文化交流的美國人實現以下目標：

一、建立跨文化的概念橋梁。用於描述美國文化的術語可以充當連接其他文化的橋梁。雖然本書討論過的某些文化概念不能直接移植到其他文化之中，但是所有的文化都含有它們自己的思維模式、觀念、價值觀、和行為準則。這些都可以納入本書提供的架構中。

二、培養文化適用性的意識。既然文化提供一整套意義系統來指導人生，那麼每個文化都擁有自己的完整性，並且總體來說，既不優於也不劣於任何其他文化。但在某特定狀況下或服務於特定目標時，某一文化系統也許確實比另一文化更有優勢。

一種文化特性只表現許多可能的觀念、價值觀，或行為準則之一。同一文化中還存在其他特性。這些特性可能亦為其他文化所有。但是不同的文化側重不同的特性。因此，美式價值在非美國文化情境下並不就是最值得效仿的方式，並且絕對也不會是最正常、最必然的方式。

三、提高自知之明。熟悉美國文化，同時瞭解其他文化的不同，有助於個人從文化的角度加深對自我的認識。這種自知可以幫助個人做好心理準備迎接文化衝擊，應付在國外工作或在國內跟外國人打交道時經常會受到的挫折。客觀地評價自己和他人，把自己以及他人行為中的文化因素和個人習性區分開，會使人在面對外國文化時受益匪淺。

四、區分有利因素和負面因素。每個人都應該能夠更清楚地辨別，美國人的氣質中有哪些方面通常可以幫助他們與外國夥伴共事，而哪些方面是交往的障礙。

五、提高文化判斷力。這本書的宗旨在於提高讀者關於異文化交流和跨文化實踐的判斷力。而判斷力可以指導行為。過去二十年的教育和訓練經驗表明，在異文化交流中人們對深層文化的意識、對文化差異的敏感度都有所提高，在過程文化的實際運用方面也有所改進。這些成果可以促使美國人更容易適應異國環境，在國外表現得更加出色。鑑於已取得的這些進步，我們再版此書的目的就是為了加深讀者的判斷力，幫助大家成為知己知彼的跨文化交流者。我們的目的不是要改變美國文化，也非奉勸美國人不必為自己的立身處事之道感到自豪。我們深信我們所能取得的每一點成就都仰賴於清楚的判斷力、善良的動機、和對跨文化事業的奉獻。讀者有必要保持一種求知而開放的心態，不斷質疑，不斷探索，來驗證我們的分析結果和建議。讀者對跨文化交流的理解應能使他們根據具體場合，恰當地運用美國人的應對方式。他們應該有能力培養可以引導個人行為的準則，使自己在跨文化交流中輕鬆揮灑、遊刃有餘，並以此去完成自己曾經想要在國內或海外實踐的理想。有了睿智的判斷力，就不會視文化差異為溝通和合作的畏途。相反的，文化間的差異會被看成跨文化合作中對雙方都有益的資源。

注釋

第一章　跨文化問題的分析架構

1 John Useem, Ruth Useem, and John Donoghue. "Men in the Middle of the Third Culture: The Roles of American and Non-Western People in Cross Cultural Administration." *Human Organization* 3, Vol. 2(Fall 1963):179

2 Diaz-Guerrero. *Psychology of the Mexican: Culture and Personality*. Austin: University of Texas Press, 1976.

3 Ross Mouer and Yoshio Sugimoto. *Images of Japanese Society: A Study in the Structure of Social Reality*. London: KPL, 1986.

4 William McNeill. *The Pursuit of Power*. Chicago: University of Chicago Press, 1982.

5 同上，p.36.

6 同上，p.31.

7 同上，p.45-50.

8 同上，p.68-69.

9 同上，p.69-70.

10 Edward Shils. "Primordial, Personal, Sacred and Civil Ties." In *British Journal of Sociology* 8, no. 2(1957):130-45.

11 Florence Kluckhohn. "Some Reflections on the Nature of Cultural Integration and Change." In *Sociological Theory, Values, and Sociocultural Change: Essays in Honor of P. A. Sorokin*, edited by E. A. Tiryakian. New York: Free Press, 1963, p.221-22

12 Daryl Bem. *Beliefs, Attitudes, and Human Affairs*. Belmont, CA: Brooks/Cole Publishing Company, 1970, p.5.

13 Clyde Kluckhohn, et al. "Value and Value-Orientations in the Theory of Action." In *Toward a General Theory of Action*, edited by Talcott Parsons and Edward J. Shils. Cambridge, MA: Harvard University Press, 1951.

14 Robin Williams. *American Society*, 3d ed. New York: Alfred A. Knopf, 1970, p.440.

15 Florence Kluckhohn and Fred Strodtbeck. *Variations in Value Orientation*. New York: Row, Peterson, 1961, p.3.

16 John Useem, Ruth Useem, and John Donoghue. "Men in the Middle of the Third Culture: The Roles of American and Non-Western People in Cross Cultural Administration." *Human Organization* 3, Vol. 2(Fall 1963):169-79.

第二章　知覺與思維的文化模式

1 John Platt, "The Two Faces of Perception." In *Changing Perspectives on Man*, edited by Ben Bathblatt. Chicago: University of Chicago Press. 1968, p.63-64.

2 Frank A Geldard, *The Human Senses*. New York: John Wiley and Sons, 1953. p.53.

3 同上，p.24.

4 R. L Gregory, *The Intelligent Eye*. New York: McGraw-Hill, 1970. P.12.

5 同上，p.11.

6 David Marr, *Vision*. San Francisco: W. H. Freeman, 1982. P.267, 340, 350.

7 James McConnell. *Understanding Human Behavior*, 5th ed. New York: Holt, Rinehart and Winston, 1986, p.245

8 Alan Richardson. *Mental Imagery*. New York: Springer Publishing Company, 1969.

9 James McConnell, p.241

10 Bruno Snell, *The Discovery of the Mind*. Oxford: Basil Blackwell, 1953, p.17-22.

11 同上，p.1-18。

12 Herbert Smyth, *Aeschylus*. Cambridge: Harvard University Press, 1956, p.45.

13 K. N. Jayatilleke, *Early Buddhist Theory of Knowledge*. London: George Allen & Unwin, 1963, p.428.

14 F. Th. Stcherbatsky, *Buddhist Logic* Vol. 1. New York, Dover Publications, 1962, p.79.

15 同上，p.186
16 Hajime Nakamura, *Ways of Thinking of Eastern Peoples: India- China-Tibet-Japan*. Honolulu; East-West Center press, 1964, p.140.
17 F. Th. Stcherbatsky, p.80-83.
18 Hajime Nakamura, p.130-133.
19 R. L Gregory, 1970, 162-166.
20 同上，p.163.
21 Roger Brown, *Words and Things*. Glencoe, IL: Free Press, 1958, p.241.
22 Edmund Leach, "Anthropological Aspects of Language: Animal Categories and Verbal Abuse." In *New Directions in the Study of Language*, edited by Eric H. Lenneberg. Cambridge, MA: MIT Press. 1964, p.35.
23 同上，p.27.
24 同上，p.41.
25 J. S. Bruner, J. J. Goodnow, and G. A. Austin, *A Study of Thinking*. New York: John Wiley and Sons, 1956, p.1.
26 Gilbert Ryle, *The Concept of Mind*. New York: Barnes & Noble, 1949.
27 Edmund Glenn, *Man and Mankind: Conflict and Communication between Cultures*. Norwood. NJ: Ablex Publishing Corporation, 1981, p.80.
28 Manfred Stanley, "Dignity Versus Survival? Reflections on the Moral Philosophy of Social Order." In *Structure, Consciousness, and history*, edited by Richard H. Brown H. Brown and Stanford M. Lyman. Cambridge: Cambridge University Press, 1978, p. 200.
29 Michael Cole, and Sylvia Scribner, *Culture and Thought: A Psychological Introduction*. New York: John Wiley and Sons, 1974, p.101-102.
30 Nakamura Hajime, *Ways of Thinking of Eastern Peoples: India- China-Tibet-Japan*. Honolulu; East-West Center press, 1964, p.52-59.
31 Don Martindale, *The Nature and Types of Sociological Theory*. Boston: Houghton Mifflin, 1960, p.91.
32 Rosalie Cohen, "Conceptual Styles, Cultural Conflict, and Nonverbal Tests of Intelligence." In *American Anthropologist* 5, Vol. 71(October 1969): 841-42.
33 同上，p.853.
34 Marcel Granet, *La Pensee Chinoise*. Paris: Eitions Albin Michel, 1950, p.8-30.

35 同上，p. 40.

36 Tungsun Chang, "A Chinese Philosopher's Theory of Knowledge." *ETC* 9, no.3 (1952)：215.

第三章　語言和非語言行為

1 Michael Reddy, "The Conduit Metaphor-A Case of Frame Conflict in Our Language about Language." In *Metaphor and Thought*, edited by Andrew Ortony. Cambridge; Cambridge University Press, 1979, 284-324.

2 Glen Fisher, *Public Diplomacy and the Behavioral Sciences*. Bloomington: Indiana University Press, 1972, p.97.

3 B. L. Whorf, *Language, Thought and Reality: Selected Writings of B. L. Whorf.* Edited by J. B. Carroll. New York: John Wiley and Sons, 1956, p.213.

4 Paul Kay, and Willett Kempton. "What Is the Sapir-Whorf Hypothesis?" *American Anthropologist* 86, no. 1(1984):65-79.

5 同上，p.75.

6 Glen Fisher, *Public Diplomacy and the Behavioral Sciences*. Bloomington: Indiana University Press, 1972, p.95.

7 Glen Fisher, *Public Diplomacy and the Behavioral Sciences*. Bloomington: Indiana University Press, 1972, p.99.

8 Chester C. Christian, Jr. "Language and Culture." In *Language and Communication*, edited by Helmut Esau. Columbia, SC: Hornbeam Press, 1980, p.248.

9 同上。

10 譯注：美國亞利桑那州東北部的印地安人的一個部落，其語言屬猶托阿茲克特語族。

11 Glen Fisher, *Public Diplomacy and the Behavioral Sciences*. Bloomington: Indiana University Press, 1972.

12 同上，p.120.

13 同上。

14 Edmund Glenn, *Man and Mankind: Conflict and Communication between Cultures*. Norwood. NJ: Ablex Publishing Corporation, 1981, p.86.

15 Glen Fisher, p.120.

16 Edward Stewart. "Culture and Decision Making." In *Communication, Culture, and Organizational Processes*, edited by William B. Gudykunst, Lea P. Stewart, and Stella Ting-Toomey. Beverly Hills, CA: Sage Publications, 1985, p.27.

17 同上。

18 John Condon and Fathi Yousef. *An Introduction to Intercultural Communication*. Indianapolis: Bobbs-Merrill, 1975, p.132.

19 R. Watzlawick, J. Beavin, and D. Jackson. *Pragmatics of Human Communication*. New York: W. W. Norton & Company, 1967, p.53

20 Lawrence Rosenfeld and Jean Civikly. *With Words Unspoken: The Nonverbal Experience*. New York: Holt, Rinehart & Winston, 1976, p.5.

21 Thomas Kochman. *Black and White Styles in Conflict*. Chicago: University of Chicago Press, 1981.

第四章　活動方式

1 Robin Williams. "American Society in Transition: Trends and Emerging Developments in Social and Cultural Systems." In *Our Changing Rural Society: Perspectives and Trends*, edited by James H. Copp. Ames: Iowa State University Press, 1964, p.27-28.

2 Carl Rogers. "Toward a Modern Approach to Values." In *Journal of Abnormal and social psychology* 2, Vol. 68(1964):160-67.

3 Edmund Glenn. "Semantic Difficulties in Intercultural Communication." In *ETC*. 11, no. 3(1954)：176.

4 Rafael Steinberg. "Olympies Only One Star Turn." *Washington Post*, June, 7, 1964.

5 Fred Kerlinger. "Decision-Making in Japan." In *Social Forces* 30(1951), p.83.

6 Fred Kerlinger. "Decision-Making in Japan." In *Social Forces* 30(1951).

7 同上，p.37-38.

8 Ward Goodenough. *Cooperation in Change*. New York: Russell Sage Foundation, 1963, p.511-15.

9 Edmund Glenn. "Semantic Difficulties in Intercultural Communication." In *ETC*. 11, no. 3(1954)：176.

10 Florence Kluckhohn and Fred Strodtbeck. *Variations in Value Orientation*. New York: Row, Peterson, 1961, p.17.

11 Florence Kluckhohn. "Some Reflections on the Nature of Cultural Integration and Change." In *Sociological Theory, Values, and Sociocultural Change: Essays in Honor of P. A. Sorokin*, edited by E. A. Tiryakian. New York: Free Press, 1963, p.17.

12 Florence Kluckhohn and Fred Strodtbeck. *Variations in Value Orientation*. New York: Row, Peterson, 1961, p. 161.

13 同上，p.15-17.

14 同上，p.16.

15 同上。

16 Abraham Maslow. *Toward a Psychology of Being*. Princeton, NJ: D. Van Nostrand, 1968, p.72.

17 同上，p.74-76.

18 Florence Kluckhohn and Fred Strodtbeck. *Variations in Value Orientation*. New York: Row, Peterson, 1961.

19 譯注：伊斯蘭教的神秘主義派別。

20 Edward Hall and William Whyte. "Intercultural Communication: A Guide to Men of Action." In *Human Organization* 1, Vol. 19(Spring 1960):5-12.

21 Richard Brown. *Modernization: The Transformation of American Life, 1600-1865*. New York: Hill and Wang. 1976, p.33-34.

22 同上，p.134-35

23 Florence Kluckhohn and Fred Strodtbeck. *Variations in Value Orientation*. New York: Row, Peterson, 1961.

24 Clyde Kluckhohn and Florence Kluckhohn. "American Culture: Generalized Orientations and Class Patterns." In *Conflicts of Power in Modern Culture: Seventh Symposium*, edited by Lymon Bryson. New York: Harper and Bros., 1947.

25 Jules Henry. *Culture Against Men*. New York: Random House, 1963, p.25-26.

26 David McClelland. *The Achieving Society.* Princeton NJ: D. Van Nostrand, 1961.

27 同上，p.214.

28 Daniel Bell,. "The Disjunction of Culture and Social Structure: Some Notes on the Meaning of Social Reality." *Daedalus* 94, no. 1(Winter 1965): 208-22.

29 Margaret Mead. *And Keep Your Powder Dry*. New York: William Morrow and Company, 1965, p.30.

30 David McClelland. *The Achieving Society.* Princeton NJ: D. Van Nostrand, 1961, p.61, 105, 157. And David Potter. *People of Plenty: Economic Abundance and the American Character*. Chicago: University of Chicago Press, 1954, p.78-90.

31 George Foster. "Peasant Society and the Image of Limited Good." In *American Anthropologist* 67, no. 2(April 1965):298.

32 同上，p.303.

33 同上，p.308-09.

34 George Foster. *Traditional Cultures and the Impact of Technological Change*. New York: Harper and Row, 1962, p.92.
35 George Foster, 1965, p.308-10.
36 David Potter. *People of Plenty: Economic Abundance and the American Character*. Chicago: University of Chicago Press, 1954, p.118.
37 同上，p.115.
38 Karl Wittfogel. *Oriental Despotism: A Comparative Study of Total Power*. New Haven, CT: Yale University Press, 1957.
39 同上，p.106.
40 同上，p.364.
41 同上，p.156.
42 Lucian Pye. *Politics, Personality and Nation Building: Burma's Search for Identity*. New Haven: Yale University Press, 1962, p.78.

第五章　人與社會

1 Clyde Kluckhohn. "American Culture-A General Description." In *Human Factors in Military Operations*, edited by Richard H. Williams. Technical Memorandum ORO-T-259, Operations Research Office. Chevy Chase, MD: Johns Hopkins University, 1954a, p.96.
2 Margaret Mead. *Sex and Temperament in Three. Primitive Societies*. New York: William Morrow and Company, 1963, p.7-8.
3 Conrad Arensberg and Arthur Niehoff. *Introducing Social Change*. Chicago, IL: Aldine Publishing Company, 1964, p.135.
4 Thomas Kochman. *Black and White Styles in Conflict*. Chicago: University of Chicago Press, 1981, p.11.
5 Robin Williams, Jr. *American Society: A Sociological Interpretation*. New York: Alfred A. Knopf, 1961, p.441.
6 同上，p.442.
7 Max Scheler. *Ressentiment*. Glencoe, IL: FreePress, 1961.
8 同上，p.139-41.
9 同上，p.152.
10 Takie Sugiyama Lebra." Reciprocity and the Asymmetric Principle: An Analytic Reappraisal of the Japanese Concept of On." In *Japanese Culture and Behavior*, edited by T. Lebra and W. Lebra. Honolulu: University of Hawaii Press, 1974, p. 192-205.

11 Takeo Doi, *The Anatomy of Dependence*. Tokyo: Kodansha International, 1973, p.34-35.

12 Frederick Hulse. "Convention and Reality in Japanese Culture." In *Japanese Character and Culture*, edited by Bernard S. Silberman. Tucson: University of Arizona Press, 1962, p.304

13 同上。

14 Takie Sugiyama Lebra. *Japanese Patterns of Behavior*. Honolulu: University of Hawaii Press, 1976, p.122-26.

15 Tom Stoppard. *Dirty Linen and New-Found-Land*. London: Faber and Faber, 1976, p.59-60.斯托帕德撰寫的《莎翁情史》（*Shakespeare in Love*）曾於一九九八年榮獲奧斯卡最佳原創劇本獎。

16 Edmund Glenn. *Mind, Culture and Politics*, mimeographed, 1966, p.270.

17 Robert Bellah, Richard Madsen, William Sullivan, Ann Swinder, and Stephen Tipton, *Habits of the Heart: Individualism and Commitment in American Life*. Berkeley, CA: University of California press, 1985, p.134-35.

18 同上，p.135.

19 Edmund Glenn. *Mind, Culture and Politics*, mimeographed, 1966, p.270.

20 同上，p.271.

21 同上。

22 George Foster. "Peasant Society and the Image of Limited Good." In *American Anthropologist* 67, no. 2(April 1965):298.

23 Rosalie Wax and Robert K. Thomas. "American Indians and White People." In *Phylon* 4, Vol. 22(Winter 1961):305-17

24 Thomas Kochman. *Black and White Styles in Conflict*. Chicago: University of Chicago Press, 1981.

25 同上，p.59.

26 Margaret Mead. *And Keep Your Powder Dry*. New York: William Morrow and Company, 1965, p.143.

27 譯注：「fair play」舊音譯為「費厄潑賴」，林語堂先生曾於二〇年代在《插論語絲的文體—穩健，罵人，及費厄潑賴》一文中說道，「……『費厄潑賴』精神在中國最不易得，……中國『潑瀨』的精神就很少，更談不上『費厄』，惟有時所謂不肯『投井下石』即帶有此義。」

28 Geoffrey Gorer. *The American People: A Study in National Character*. New York: W. W. Norton, 1948p, p.133.

29 Paul Linebarger. "Problems in the Utilizations of Troops in Foreign Areas." In *Human Factors in Military Operations*, edited by Richard H. Williams. Technical Memorandum ORO-T-259, Operations Research Office. Chevy Chase, MD: Johns Hopkins University, 1954, p.384-85.

30 譯注：來自西班牙語，舊譯「印歐混血人」，一般指美洲原住民和歐洲人的混血後裔。

31 Geraldo and Alicia Reichel-Dolmatoff. *The People of Aritama: The Cultural Personality of a Colombian Mestizo Village*. Chicago: University of Chicago Press, 1961, p.309.

32 同上，p.313.

33 同上，p.312.

第六章　世界是什麼？

1 Conrad Arensberg and Arthur Niehoff. *Introducing Social Change*. Chicago, IL: Aldine Publishing Company, 1964, p. 127-28.

2 Hajime Nakamura, *Ways of Thinking of Eastern Peoples: India- China-Tibet-Japan*. Honolulu; East-West Center press, 1964, p.157..

3 Robin Williams, Jr. *American Society: A Sociological Interpretation*. New York: Alfred A. Knopf, 1961, p.338.

4 Daniel Boorstin. *The Americans: The Colonial Experience* vol. 1. New York: Random House, 1958, p.175.

5 Roderick Nash. *Wilderness and the American Mind*, rev. ed. New Haven, CT; Yale University Press, 1973, p.25.

6 同上，p.26.

7 Daniel Boorstin. *The Americans: The Colonial Experience* vol. 1. New York: Random House, 1958, p.260-61.

8 Roderick Nash. *Wilderness and the American Mind*, rev. ed. New Haven, CT; Yale University Press, 1973, p.27.

9 同上，p.33-34.

10 Florence Kluckhohn and Fred Strodtbeck. *Variations in Value Orientation*. New York: Row, Peterson, 1961.

11 Ryusaku Tsunoda, et al. *Sources of Japanese Tradition*. New York: Columbia University Press, 1958, p.868.

12 同上，p.869.

13 同上，p.872.

14 Geraldo and Alicia Reichel-Dolmatoff. *The People of Aritama: The Cultural Personality of a Colombian Mestizo Village*. Chicago: University of Chicago Press, 1961, p.440.

15 Florence Kluckhohn and Fred Strodtbeck. *Variations in Value Orientation*. New York: Row, Peterson, 1961.

16 F. S. C. Northrop. *The Meeting of East and West, An Inquiry Concerning World Understanding*. New York: Macmillan Publishing Co., 1946, p. 42-48, 94-98.

17 Alfred Kroeber. *Anthropology*. New York: Harcourt, Brace and Company, 1948, p.304.

18 Henri Frankfort and H. A. Frankfort. "Myth and Reality." In *The Intellectual Adventure of Ancient Man*, edited by H. Frankfort, H. A. Frankfort, John A. Wilson, Thorklid Jacobsen, and William A. Irwin. Chicago: The University of Chicago Press, 1946, p.11.

19 Kilton Stewart. "Dream Theory in Malaya." In *Altered States of Consciousness*, edited by Charles T. Tart. New York: John Wiley and Sons, 1969.

20 Alfred Kroeber. *Anthropology*. p.304.

21 George Foster. "Peasant Society and the Image of Limited Good." In *American Anthropologist* 67, no. 2(April 1965):296.

22 Daniel Boorstin. *The Discoverers*. New York: Vintage Books, 1983, p.558.

23 Marcel Granet, *La Pensee Chinoise*. Paris: Eitions Albin Michel, 1950, p.86-113.

24 David Bidney. "The Concept of Value in Modern Anthropology." In *Anthropology Today*, edited by A. L. Kroeber. Chicago: University of Chicago Press, 1953, p.682-83.

25 John Gay and Michael Cole. *The New Mathematics in an Old Culture*. New York: Holt, Reinhardt and Winston, 1967, p.41.

26 Charles Erasmus. "An Anthropologist Looks at Technical Assistance." In *Readings in Anthropology*, Volume Ⅱ: Readings in Cultural Anthropology, edited by Morton H. Fried. New Youk: Thomas Y. Crowell, 1959, p.390.

27 Conrad Arensberg and Arthur Niehoff. *Introducing Social Change*. Chicago, IL: Aldine Publishing Company, 1964, p.112.

第七章　我是誰？

1 James Deese. *The Structure of Associations in Language and Thought*. Baltimore: The Johns Hopkins University Press, 1965, p.205.

2 John Houston. *Motivation*. New York: Macmillan Publishing Company, 1985, p.166-167.

3 Nakamura Hajime, *Ways of Thinking of Eastern Peoples: India- China-Tibet-Japan*. Honolulu; East-West Center press, 1964, p.93.

4 Wolf Emminghaus and Bernhard Haupert. "What's Cultural in Intercultural Training?" Manuscript, University of Fribourg, Department of Social Work, Fribourg, Switzerland, 1989, p.4.

5 Cushman, Phillip. "Why the Self Is Empty." *American Psychologist* 45,1990, p.600.

6 Takie Sugiyama Lebra. *Japanese Patterns of Behavior*. Honolulu: University of Hawaii Press, 1976, p.156-68.

7 同上，p.136.

8 Hajime Nakamura, *Ways of Thinking of Eastern Peoples: India- China-Tibet-Japan*. Honolulu; East-West Center press, 1964, p.409-17.

9 Margaret Mead. *Sex and Temperament in Three. Primitive Societies*. New York: William Morrow and Company, 1963, p.5.

10 原注：儘管十七世紀的英國思想傳統被認為是個人主義概念的起源，但這個名稱的創立者卻是托克維爾（Alexis de Tocqueville），他在一八三五年發表的《論美國的民主》一書中首次使用了「個人主義」（individualism）一詞。

11 Robert Bellah, Richard Madsen, William Sullivan, Ann Swinder, and Stephen Tipton, *Habits of the Heart: Individualism and Commitment in American Life*. Berkeley, CA: University of California press, 1985, p.143.

12 同上，p.32-33.

13 同上，p.27-39.

14 同上。

15 Florence Kluckhohn and Fred Strodtbeck. *Variations in Value Orientation*. New York: Row, Peterson, 1961, 23.

16 譯注：指那些為追求個人表現與工資而勤奮工作，但卻導致資方開始壓迫其他表現尋常的同伴的工人。

17 Florence Kluckhohn and Fred Strodtbeck. *Variations in Value Orientation*. New York: Row, Peterson, 1961, p.23-24.

18 Robert Bellah, Richard Madsen, William Sullivan, Ann Swinder, and Stephen Tipton, *Habits of the Heart: Individualism and Commitment in American Life*. Berkeley, CA: University of California press, 1985, p.82.

19 同上，p.145.

20 同上，p.144.

21 同上，p.57.

22 Geoffrey Gorer. *The American People: A Study in National Character*. New York: W. W. Norton, 1948p, p.39.

23 同上，p.40-41.

24 Jules Henry. *Culture Against Men*. New York: Random House, 1963, p.29.

25 Albert Ravenholt. “Feud among the Red Mandarins.” In *American Universities Field Staff Reports Service, East Asia Series* 2, Vol. XI(1964)：175-84.

26 同上，p.177.

27 同上，p.175-84.

28 Robin Williams. “American Society in Transition: Trends and Emerging Developments in Social and Cultural Systems.” In *Our Changing Rural Society: Perspectives and Trends*, edited by James H. Copp. Ames: Iowa State University Press, 1964, p.27.

29 Ralph Perry. *Characteristically American*. New York: Alfred A. Knopf, 1949.

30 James Reston. “Washington: Tweedledum and Tweedledee.” In *New York Times*, November 7,1965.

31 譯注：布恩是美國歷史上的傳奇性的拓荒者，他對肯塔基州與坎伯蘭隘口通道的開闢貢獻良多。

32 Robert Bellah et al., 1985, p.150-51.

33 Daniel Boorstin. *The Americans: The Colonial Experience* vol. 1. New York: Random House, 1958, p.121.

34 同上，p.105.

35 Robert Bellah et al., 1985, p.84.

第八章　跨文化溝通中的實際問題

1 Roy D’Andradei. “A Folk Model of the Mind.” In *Cultural Models in Language and Thought*, edited by Dorothy Holland and Naomi Quinn. Cambridge: Cambridge University Press, 1987,p.117.

2 Thomas Kochman. *Black and White Styles in Conflict*. Chicago: University of Chicago Press, 1981, p.30-31.

3 Milton Bennett. “Overcoming the Golden Rule: Sympathy and Empathy.” In *Communication Yearbook* 3, edited by D. Nimmo. Philadelphia: International Communication, 1979.

4 Edward Stewart. "Culture and Decision Making." In *Communication, Culture, and Organizational Processes*, edited by William B. Gudykunst, Lea P. Stewart, and Stella Ting-Toomey. Beverly Hills, CA: Sage Publications, 1985.

5 Keiko Ueda. "Sixteen Ways to Avoid Saying 'No' in Japan." In Proceedings of International Christian University Conference, 1975.

6 John Condon. *With Respect to the Japanese: A Guide for Americans*. Yarmouth, ME: Intercultural Press, 1984, p. 45-46.

7 Hall, Edward T. *Beyond Culture*. New York: Anchor/Doubleday, 1976, p. 79-80.

8 Dean Barnlund. *Public and Private Self in Japan and the United Sates*. Yarmouth, ME: Intercultural Press, 1989.

9 Milton Bennett. "Towards Ethnorelativism: A Developmental Model of Intercultural Sensitivity." In *Cross Cultural Orientation: New Conceptualizations and Applications*, edited by R. Michael Page. Lanham, MD: University Press of America, 1986.

10 William Wilmot. *Dyadic Communication*. New York: Random House, 1987.

11 原注：本書作者採訪了幾十個交換留學生。這是其中的一個採訪內容。多數學生沒這麼走運，他們在吃過第一頓飯之後才學到上述的交談策略。

12 譯注：印度教經典《摩阿婆羅多》的一部分，以對話形式闡明印度教教義。

13 John Useem, Ruth Useem, and John Donoghue. "Men in the Middle of the Third Culture: The Roles of American and Non-Western People in Cross Cultural Administration." *Human Organization* 3, Vol. 2(Fall 1963):169-79.

14 John Useem, Ruth Useem, and John Donoghue. "Men in the Middle of the Third Culture: The Roles of American and Non-Western People in Cross Cultural Administration." *Human Organization* 3, Vol. 2(Fall 1963):171-72.

美國人

一種跨文化的分析比較

American Cultural Patterns : A Cross-Cultural Perspective

作　　者　愛德華・史都華（Edward C. Stewart）、米爾頓・班奈特（Milton J. Bennett）
譯　　者　魏景宜
編　　輯　王家軒
校　　對　陳佩伶
封面設計　黃思維

企　　劃　蔡慧華
總 編 輯　富　察
社　　長　郭重興
發行人兼出版總監　曾大福
出版發行　八旗文化／遠足文化事業股份有限公司
地　　址　新北市新店區民權路108-2號9樓
電　　話　02-22181417
傳　　真　02-86671065
客服專線　0800-221029
信　　箱　gusa0601@gmail.com
Facebook　facebook.com/gusapublishing
Blog　gusapublishing.blogspot.com
法律顧問　華洋法律事務所／蘇文生律師

印　　刷　前進彩藝有限公司
定　　價　320元
二版一刷　2016年（民105）9月
ISBN　978-986-93353-9-3

國家圖書館出版品預行編目（CIP）資料

美國人：一種跨文化的分析比較／愛德華・史都華（Edward C. Stewart）、
米爾頓・班奈特（Milton J. Bennett）著；魏景宜譯. -- 一版. -- 新北市：
八旗文化, 遠足文化, 民2016.09
面；　分. --（八旗人文；　）
譯自：American Cultural Patterns : A Cross-Cultural Perspective
ISBN 978-986-93353-9-3（平裝）

1. 民族性　2. 文化人類學　3. 跨文化研究　4. 美國

535.752　　　105015375